BESTACTIVITYBOOKS.COM

EERSTE EDITIE - Gepubliceerd in 2022

Extra grafisch materiaal van: www.freepik.com
Dank aan: Alekksall, Starline, Pch.vector, Rawpixel.com, Vectorpocket, Dgim-studio, Upklyak, Macrovector, Stockgiu, Pikisuperstar & Freepik.com Designers

5 TIPS OM TE BEGINNEN!

1) HOE OP TE LOSSEN

De Puzzels zijn in een Klassiek Formaat:

- Woorden worden verborgen zonder pauzes (geen spaties, streepjes, ...)
- Oriëntatie: Voorwaarts & Achterwaarts, Boven & Beneden of in Diagonaal (kan in beide richtingen)
- Woorden kunnen elkaar overlappen of kruisen

2) ACTIEF LEREN

Naast elk woord is een spatie voorzien om de vertaling te noteren. Om actief te leren vindt u een **WOORDENBOEK** aan het einde van deze editie om uw kennis te controleren en uit te breiden. U kunt elke vertaling opzoeken en opschrijven, de woorden in de puzzel vinden en ze vervolgens aan uw woordenschat toevoegen!

3) TAG JE WOORDEN

Hebt u al geprobeerd een labelsysteem te gebruiken? U zou bijvoorbeeld de woorden die moeilijk te vinden waren kunnen markeren met een kruis, de woorden die u leuk vond met een ster, nieuwe woorden met een driehoek, zeldzame woorden met een ruit enzovoort...

4) ORGANISEER UW LEREN

Wij bieden ook een handig **NOTITIEBOEKJE** aan het eind van deze uitgave. Of u nu op vakantie, op reis of thuis bent, u kunt uw nieuwe kennis gemakkelijk ordenen zonder dat u een tweede notitieboek nodig hebt!

5) AFGESLOTEN?

Ga naar de bonussectie: **FINAAL UITDAGING** om een gratis spel te vinden dat aan het einde van deze editie wordt aangeboden!

Wil je meer leuke en leerzame activiteiten? Het is **Snel en Eenvoudig!**
Een hele collectie spelboeken slechts **één klik verwijderd!**

Vind uw volgende uitdaging bij:

BestActivityBooks.com/MijnVolgendeBoek

Klaar... Start!

Wist u dat er zo'n 7000 verschillende talen in de wereld zijn? Woorden zijn kostbaar.

We houden van talen en hebben hard gewerkt om de boeken van de hoogste kwaliteit voor u te maken. Onze ingrediënten?

Een selectie van onmisbare leerthema's, drie grote plakken plezier, dan voegen we er een lepel moeilijke woorden en een snuifje zeldzame woorden aan toe. We serveren ze met zorg en een maximum aan verrukking, zodat je de beste woordspelletjes kunt oplossen en veel plezier beleeft aan het leren!

Uw feedback is essentieel. U kunt een actieve bijdrage leveren aan het succes van dit boek door een recensie achter te laten. Vertel ons wat u het meest beviel in deze editie!

Hier is een korte link die u naar uw bestelpagina brengt:

BestBooksActivity.com/Recensies50

Bedankt voor uw hulp en veel plezier met het spel!

Linguas Classics

1 - Metingen

D	E	R	I	N	L	I	K	O	V	N	T	M	R	L
Y	Y	K	M	O	G	E	C	N	Q	K	U	J	G	F
I	Ü	T	İ	T	I	K	G	S	D	N	P	N	C	O
T	A	K	H	L	E	R	T	E	M	İ	T	N	A	S
G	S	B	S	I	O	Q	B	Z	P	T	Y	L	E	F
V	E	M	P	E	U	M	O	O	G	R	A	M	L	A
L	E	O	N	R	K	P	E	N	J	U	B	Q	Q	H
U	T	G	Ç	T	L	L	G	T	D	I	L	T	Q	S
J	S	T	N	İ	P	Q	I	A	R	A	T	Z	K	S
M	K	E	İ	L	K	Q	O	K	A	E	L	T	I	K
G	E	N	I	Ş	L	I	K	İ	P	R	U	I	U	V
S	A	U	Z	U	N	L	U	K	Z	T	G	Y	K	R
K	İ	L	O	G	R	A	M	A	F	E	K	J	U	Y
I	C	I	U	T	K	T	M	D	B	M	I	C	A	H
A	Ğ	I	R	L	I	K	B	E	I	N	G	C	U	U

GENIŞLIK
BAYT
SANTİMETRE
ONDALIK
DERINLIK
AĞIRLIK
GRAM
YÜKSEKLIK
İNÇ
KİLOGRAM
KİLOMETRE
UZUNLUK
LİTRE
KITLE
METRE
DAKİKA
ONS
PİNT
TON
HACIM

2 - Keuken

Q	K	V	Z	Z	P	N	E	K	O	Y	M	I	N	A
B	A	G	A	I	E	E	B	P	F	Q	S	Z	Y	H
F	J	C	I	Z	U	O	Ç	I	P	E	I	G	Z	P
V	B	A	H	A	R	A	T	E	Y	L	U	A	I	K
B	U	Z	D	O	L	A	B	I	T	Y	K	R	M	M
K	D	O	N	D	U	R	U	C	U	E	E	A	S	A
A	R	J	L	U	L	V	K	C	B	T	O	M	M	Y
Z	K	N	B	F	N	Y	S	Ü	N	G	E	R	E	F
A	Y	V	Y	K	M	Z	C	V	R	Y	P	D	S	K
N	I	I	C	E	J	O	K	A	Ş	I	K	M	Ü	Ö
K	A	D	R	A	B	N	I	R	I	F	J	T	R	N
Ç	A	T	A	L	L	A	R	T	V	F	Y	V	A	L
D	E	Ç	P	E	K	V	T	E	G	I	D	A	H	Ü
O	V	D	I	M	C	A	T	A	S	G	D	U	I	K
M	I	R	L	B	H	K	A	U	L	P	I	K	I	D

BARDAK
YEMEK
IZGARA
KAZAN
BUZDOLABI
TAS
SÜRAHI
KAŞIK
BIÇAK
FIRIN
KEPÇE
KAVANOZ
ÖNLÜK
PEÇETE
BAHARAT
SÜNGER
GIDA
ÇATALLAR
DONDURUCU

3 - Boten

R	F	S	L	T	D	T	G	I	A	U	C	O	M	Y
G	O	S	Z	S	H	S	Y	P	E	F	R	K	D	Ç
K	A	N	O	A	R	V	T	S	G	J	G	Y	F	A
Y	A	T	O	B	İ	R	E	F	P	Z	H	A	Q	P
L	A	K	Q	I	P	D	E	N	İ	Z	M	N	A	A
D	T	Q	G	N	D	D	V	K	O	D	O	U	R	C
P	A	G	Ö	L	İ	A	H	Q	T	E	T	S	I	P
D	B	İ	D	E	R	L	O	U	A	N	O	T	D	D
L	E	L	G	Y	E	G	Z	P	R	İ	R	T	N	R
L	T	N	R	T	K	A	R	M	S	Z	M	Y	A	B
S	T	E	I	D	Z	L	B	T	J	C	A	S	M	T
A	E	K	H	Z	E	A	Q	F	Y	İ	T	M	A	K
L	R	L	E	Q	R	R	D	B	K	P	N	P	Ş	B
F	Ü	E	N	D	E	N	İ	Z	C	İ	L	İ	K	K
O	M	Y	O	G	L	O	Z	M	I	T	F	L	Q	B

ÇAPA
MÜRETTEBAT
ŞAMANDIRA
DOK
DALGALAR
YAT
KANO
DENİZCİLİK
DİREK
DENİZCİ
GÖL
MOTOR
DENİZ
OKYANUS
NEHIR
IP
FERİBOT
SAL
DENIZ
YELKENLİ

4 - Chocolade

Y	V	R	Q	A	R	E	K	E	Ş	H	T	A	I	B
B	H	G	P	N	H	T	A	A	Z	Q	C	R	Ç	S
A	L	Z	F	T	Q	I	P	U	R	J	D	O	E	Q
L	E	J	A	İ	A	L	O	R	A	A	I	M	R	M
E	Z	G	V	O	Y	A	I	U	M	Y	M	A	I	S
E	Z	V	O	K	S	K	N	C	E	E	K	E	K	S
V	E	P	R	S	K	F	I	A	L	M	A	K	L	C
E	T	J	I	İ	R	P	E	I	Z	E	K	M	G	A
M	L	V	G	D	E	U	Y	T	Ö	K	A	K	B	T
B	I	S	T	A	Q	Z	H	O	O	D	O	S	C	M
G	O	S	I	N	O	T	E	Z	Z	E	L	F	O	F
G	H	U	R	A	E	G	Z	O	T	I	K	F	S	J
T	A	T	L	I	C	K	A	L	O	R	İ	Q	N	B
O	Z	M	D	H	K	I	U	U	M	T	O	I	O	P
L	U	V	B	F	Y	B	G	O	M	O	S	Z	Q	P

ANTİOKSİDAN
AROMA
ZANAAT
ACI
KAKAO
KALORİ
YEMEK
EGZOTIK
FAVORI
LEZZETLI
IÇERIK
KARAMEL
KALITE
TOZ
LEZZET
ŞEKER
ÖZLEM
TATLI

5 - Gezondheid en Welzijn #2

D	I	Y	E	T	U	G	R	K	M	H	G	I	E	E
A	S	J	K	I	L	A	T	S	A	H	E	S	J	N
B	Ğ	M	İ	R	İ	D	N	İ	S	N	N	A	K	E
E	V	I	J	E	G	G	R	Z	R	S	E	Ğ	A	R
S	F	K	R	O	N	S	T	R	E	S	T	L	L	J
L	A	Z	E	L	G	F	Z	K	Y	P	İ	I	O	I
E	F	U	L	I	I	Y	E	T	J	R	K	K	R	V
N	F	V	A	U	D	K	N	K	C	V	F	L	İ	A
M	I	Ü	P	B	S	C	Z	Z	S	S	N	I	M	U
E	E	C	H	A	S	T	A	N	E	I	E	G	O	F
F	Q	U	V	İ	T	A	M	İ	N	İ	Y	D	T	M
E	N	T	K	U	R	T	A	R	M	A	J	O	A	A
Y	R	O	Y	O	A	Q	L	P	A	U	I	F	N	S
S	Y	L	E	Z	P	I	L	J	D	Q	H	Z	A	A
M	I	J	K	I	Y	Z	E	S	A	N	C	V	H	J

ALERJİ
ANATOMİ
KAN
KALORİ
DIYET
ENERJI
GENETİK
AĞIRLIK
SAĞLIKLI
KURTARMA
HIJYEN
ENFEKSIYON
VÜCUT
MASAJ
SİNDİRİM
STRES
VİTAMİNİ
BESLENME
HASTANE
HASTALIK

6 - Tijd

G	C	E	C	E	G	E	D	H	M	S	K	S	T	S
M	Q	S	R	C	Y	P	Y	A	D	P	O	O	O	A
B	M	I	V	K	A	T	B	L	K	N	M	N	H	B
V	D	Q	E	E	E	B	Q	P	U	İ	E	R	V	A
A	E	G	O	C	M	N	Ü	G	U	B	K	A	S	H
Q	D	L	J	E	L	I	Y	Z	Ü	Y	F	A	Y	C
E	V	J	E	L	I	R	A	Y	Z	Ş	A	N	S	Q
A	T	Z	T	E	Y	A	D	J	O	Q	I	K	K	V
T	Y	S	R	G	Q	Y	Ü	N	M	I	Q	M	J	P
Y	I	L	L	I	K	J	N	H	A	F	T	A	D	F
C	F	K	Ö	I	S	A	A	T	O	N	Y	I	L	I
F	J	Z	Ğ	V	H	O	M	G	B	S	P	A	Z	D
Z	H	E	L	O	G	F	D	E	G	I	N	L	N	U
G	Ü	N	E	K	P	T	P	G	K	V	V	M	Q	S
O	T	D	N	K	Q	B	T	R	R	M	O	T	G	P

GÜN
ON YIL
YÜZYIL
DÜN
YIL
YILLIK
TAKVIM
AY
ÖĞLE
DAKİKA

YARIN
SONRA
GECE
ŞIMDI
SABAH
GELECEK
SAAT
BUGÜN
ERKEN
HAFTA

7 - Meditatie

N	E	Z	A	K	E	T	K	K	M	D	N	G	K	F
I	B	Ş	O	O	N	Y	B	U	U	M	J	D	K	M
Q	M	I	N	N	E	T	T	A	R	L	I	K	I	C
H	A	R	E	K	E	T	R	Q	O	J	P	Z	F	D
R	Ş	A	F	F	I	T	K	E	P	S	R	E	P	U
A	U	B	L	G	L	Z	R	T	S	E	H	E	R	Y
M	R	K	H	G	P	Y	Ü	E	G	D	N	M	E	G
L	U	U	Y	A	N	I	K	M	P	M	K	Q	L	U
A	D	T	B	F	T	I	C	A	K	G	I	N	E	L
S	G	O	L	E	S	N	İ	H	İ	Z	L	Y	C	A
E	H	Z	Ğ	U	M	O	Z	R	S	A	K	I	N	R
F	U	E	Y	A	L	G	H	E	C	Z	I	E	Ü	M
E	K	A	B	U	L	U	H	M	L	K	Ç	T	Ş	T
N	G	Ö	Z	L	E	M	K	L	K	B	A	I	Ü	R
S	E	S	S	I	Z	L	I	K	M	O	C	Z	D	I

KABUL
NEFES ALMA
HAREKET
MINNETTARLIK
DUYGULAR
DÜŞÜNCELER
MUTLULUK
AÇIKLIK
DURUŞ
SAKIN
MERHAMET
ZİHİNSEL
MÜZIK
DOĞA
GÖZLEM
PERSPEKTIF
SESSIZLIK
BARIŞ
NEZAKET
UYANIK

8 - Muziek

V	M	Ü	Z	İ	K	A	L	R	B	E	H	V	Z	Z
Z	Ü	E	K	L	E	K	T	İ	K	N	A	Y	G	D
Z	B	A	I	K	L	A	S	İ	K	S	R	L	H	I
L	L	V	M	R	S	U	T	H	N	T	M	O	E	S
D	A	Ş	A	R	K	I	C	I	E	R	O	J	I	A
K	R	T	V	G	A	D	D	V	H	Ü	N	M	I	B
A	M	A	L	Ç	A	Ğ	O	D	A	M	İ	Ü	F	J
R	Ş	İ	İ	R	S	E	L	P	T	A	K	Z	M	F
E	İ	E	M	Q	K	Q	M	S	M	N	K	İ	İ	G
P	T	T	K	A	Y	I	T	E	N	E	Y	S	K	Z
O	L	O	M	D	S	R	R	Y	L	L	T	Y	R	F
R	O	L	Y	İ	F	İ	I	Q	O	O	K	E	O	C
O	F	G	V	I	K	T	Z	A	T	D	D	N	F	G
K	L	İ	R	İ	K	İ	I	U	A	L	A	İ	O	U
I	V	A	Z	O	P	M	E	L	L	Y	E	U	N	G

ALBÜM
EKLEKTİK
AHENK
HARMONİK
DOĞAÇLAMA
ENSTRÜMAN
KLASİK
KORO
LİRİK
MELODİ
MİKROFON
MÜZİKAL
MÜZİSYEN
OPERA
KAYIT
ŞİİRSEL
RİTİM
RİTMİK
TEMPO
ŞARKICI

9 - Vogels

G	D	S	I	U	J	M	K	O	P	E	F	U	M	L
U	V	E	Y	G	Z	A	K	B	D	E	I	L	T	D
D	E	Z	N	İ	C	R	E	V	Ü	G	Y	M	U	S
Ç	V	Z	F	G	M	T	D	O	L	S	G	Y	Ş	Z
U	L	A	P	B	A	I	R	Ş	P	I	Q	Q	U	J
U	G	G	L	V	N	G	Ö	U	F	Q	Q	L	K	J
T	I	G	P	B	A	L	I	K	Ç	I	L	J	E	U
F	L	A	M	İ	N	G	O	Y	L	N	M	O	V	Z
C	F	T	I	D	T	U	K	A	N	E	Ç	R	E	S
M	S	R	K	U	Ğ	U	I	B	F	A	Y	I	D	R
G	F	U	M	E	G	Q	C	N	A	K	İ	L	E	P
U	D	M	V	K	N	P	E	N	G	U	E	N	E	T
G	S	U	Z	A	E	B	G	U	R	O	H	S	J	K
U	B	Y	H	P	T	F	T	N	A	Ğ	A	P	A	P
K	T	Z	I	E	P	Q	J	S	K	U	V	A	T	T

GÜVERCİN
ÖRDEK
YUMURTA
FLAMİNGO
KAZ
TAVUK
GUGUK
KARGA
MARTI
SERÇE
LEYLEK
PAPAĞAN
TAVUS
PELİKAN
PENGUEN
BALIKÇIL
DEVEKUŞU
TUKAN
BAYKUŞ
KUĞU

10 - Universum

Ş	B	M	M	K	A	N	T	O	C	U	O	C	Y	A
E	Ğ	M	E	O	Y	R	E	Ü	E	G	F	G	U	S
N	H	M	L	Z	T	G	L	M	F	N	S	U	L	T
Ü	J	Y	N	M	D	P	E	Ü	T	P	N	N	K	R
G	J	U	E	İ	İ	F	S	N	R	G	T	H	A	O
V	H	K	O	K	P	M	K	Ö	E	E	H	P	Y	N
N	U	F	A	T	E	Z	O	D	F	G	E	Q	D	O
Y	O	D	S	R	C	O	P	N	S	J	J	R	O	M
Ö	U	R	S	S	A	G	N	Ü	O	L	T	Q	Z	B
R	A	Ü	K	S	P	N	D	G	M	R	M	O	E	L
Ü	I	N	H	V	G	N	L	D	T	P	T	J	K	P
N	D	Ü	S	K	M	F	P	I	A	I	Z	S	R	R
G	Q	R	M	U	V	E	R	Ü	K	M	I	R	A	Y
E	G	Ö	K	Y	Ü	Z	Ü	E	K	V	A	T	O	R
O	F	G	G	Ö	K	A	D	A	B	O	Y	L	A	M

ASTRONOMİ
ASTRONOM
ATMOSFER
YÖRÜNGE
ENLEM
ZODYAK
KARANLIK
EKVATOR
YARIMKÜRE
GÖKYÜZÜ
UFUK
EĞME
KOZMİK
BOYLAM
AY
GÖKADA
TELESKOP
GÖRÜNÜR
GÜNEŞ
GÜNDÖNÜMÜ

11 - Wiskunde

P	D	P	A	N	E	G	K	O	Ç	A	P	D	K	P
A	A	V	Z	R	N	R	B	Ö	L	Ü	M	E	E	N
R	K	T	L	J	İ	R	A	L	I	Ç	A	N	S	Ç
A	V	S	F	V	V	T	O	K	F	I	L	K	I	E
L	P	D	İ	R	T	E	M	İ	S	Ü	P	L	R	V
E	M	I	R	B	O	N	T	E	S	G	O	E	F	R
L	P	O	T	Z	C	N	T	F	T	E	T	M	K	E
K	C	G	E	V	G	M	D	L	V	İ	V	N	O	M
E	O	R	M	C	C	R	G	A	A	Z	K	H	Ş	A
N	K	U	O	Ü	Ç	G	E	N	L	L	H	A	U	H
A	T	D	E	K	Ü	R	E	P	F	I	Z	C	T	K
R	S	M	G	A	Q	R	H	U	U	A	K	I	A	K
L	V	M	L	J	V	K	G	H	Z	G	T	M	H	D
Y	E	D	I	K	D	Ö	R	T	G	E	N	R	F	U
M	S	P	S	Z	R	R	F	S	O	M	S	Z	Q	A

KÜRE
ONDALIK
ÇAP
BÖLÜM
ÜÇGEN
ÜS
KESIR
GEOMETRİ
AÇILAR
ÇEVRE
KOŞUT
PARALELKENAR
DIKDÖRTGEN
ARİTMETİK
TOPLAM
SİMETRİ
ÇOKGEN
DENKLEM
KARE
HACIM

12 - Gezondheid en Welzijn #1

Y	T	E	R	A	P	İ	E	T	K	I	N	H	F	P
I	Q	B	M	A	M	A	L	T	A	H	A	R	Q	J
Z	C	P	K	I	L	N	A	K	Ş	I	L	A	P	K
J	V	K	I	R	I	K	A	K	L	İ	N	İ	K	A
E	İ	R	E	T	K	A	B	L	T	T	N	E	I	S
T	R	O	E	J	M	J	P	I	A	E	I	C	L	L
A	Ü	T	Z	C	J	U	L	F	L	R	D	V	Ç	A
C	S	K	F	I	Z	U	O	K	H	Q	A	A	A	R
I	K	O	Q	N	M	A	M	A	G	Z	D	Y	V	K
L	E	D	T	G	K	E	N	O	M	R	O	H	K	I
T	L	İ	L	A	Ç	F	B	E	U	Q	E	B	R	K
P	F	Y	Ü	K	S	E	K	L	I	K	R	Q	F	V
V	E	B	R	F	V	S	J	P	D	A	S	B	G	E
Y	R	E	L	R	İ	N	İ	S	Z	B	B	C	P	K
Q	A	A	O	Z	E	I	J	V	F	P	M	C	H	Q

ETKIN
ECZANE
BAKTERİ
TEDAVI
KIRIK
DOKTOR
ALIŞKANLIK
AÇLIK
YÜKSEKLIK
HORMON

CILT
KLİNİK
YARALANMA
İLAÇ
RAHATLAMA
REFLEKS
KASLAR
TERAPİ
VİRÜS
SİNİRLER

13 - Camping

I	H	P	I	F	P	J	S	U	K	Y	C	N	Z	T
S	K	I	U	R	L	L	S	D	H	A	R	İ	T	A
K	A	N	O	S	B	D	R	A	M	Ğ	A	B	D	R
P	M	T	M	G	U	G	Y	L	B	O	L	A	U	E
Ş	A	P	K	A	Ö	L	D	P	U	D	N	K	V	C
U	H	M	I	P	F	L	A	Y	H	A	A	E	D	A
G	A	Q	L	Ç	A	D	I	R	A	J	V	C	L	M
Y	A	B	I	P	F	B	D	Y	A	A	Y	Ö	F	T
C	C	Y	C	Y	N	Z	S	H	Ğ	S	A	B	F	T
P	H	M	V	O	A	H	O	M	A	V	H	M	Q	Z
E	D	B	A	V	M	N	V	O	Ç	A	R	M	N	H
D	Q	A	O	R	M	A	N	U	L	T	E	N	V	I
Y	B	O	Ğ	E	H	F	K	V	A	E	D	C	O	C
U	G	F	J	F	E	N	E	R	R	Ş	T	C	P	O
G	I	H	N	G	Z	A	U	U	Y	D	E	T	D	J

MACERA
DAĞ
AĞAÇLAR
ORMAN
ATEŞ
KABİN
HAYVANLAR
HAMAK
ŞAPKA
BÖCEK
AVCILIK
HARİTA
KANO
PUSULA
FENER
AY
GÖL
DOĞA
ÇADIR
IP

14 - Algebra

Ç	B	Y	G	Z	I	T	C	N	E	M	V	A	G	B
N	Ö	Ö	E	E	J	O	G	F	J	L	M	C	S	A
E	F	Z	L	F	G	P	L	B	Z	C	A	F	I	S
O	D	A	Ü	Ü	J	L	L	M	E	E	R	O	F	İ
Y	E	P	K	M	M	A	E	G	V	L	G	R	I	T
A	N	O	İ	T	Z	M	S	İ	R	T	A	M	R	L
N	K	P	F	A	Ö	S	O	R	U	N	Y	Ü	E	E
L	L	T	A	H	K	R	N	F	S	Z	İ	L	D	Ş
I	E	K	R	N	E	K	Ş	I	Ğ	E	D	K	O	T
Ş	M	S	G	P	S	P	Z	H	L	Q	S	A	Ğ	İ
J	O	B	P	O	I	F	U	H	P	G	Q	A	R	R
H	S	P	I	L	R	E	S	Ü	S	I	C	C	U	V
A	R	F	P	A	R	A	N	T	E	Z	G	R	S	G
Ç	I	K	A	R	M	A	O	G	J	B	U	G	A	F
L	H	E	H	H	D	Y	S	Q	E	G	S	F	L	S

ÇIKARMA
DİYAGRAM
BÖLÜM
ÜS
FAKTÖR
FORMÜL
KESIR
GRAFİK
PARANTEZ
DOĞRUSAL
MATRİS
SIFIR
SONSUZ
ÇÖZÜM
SORUN
TOPLAM
YANLIŞ
DEĞIŞKEN
BASİTLEŞTİR
DENKLEM

15 - Activiteiten

U	R	T	Q	S	H	Ö	G	H	P	O	F	M	F	B
Q	A	I	S	A	V	R	S	A	A	S	O	T	O	A
G	H	D	Y	N	P	M	B	V	R	I	Z	S	T	H
Z	A	Z	P	A	A	E	N	O	J	H	O	V	O	Ç
T	T	O	R	T	K	D	Q	L	L	I	K	Q	Ğ	I
B	L	R	O	I	P	O	U	B	K	R	A	T	R	V
U	A	S	E	O	K	K	I	L	I	C	V	A	A	A
L	M	O	E	I	N	U	B	F	L	Y	Y	A	F	N
M	A	Y	R	R	R	M	F	D	I	Ü	F	Y	Ç	L
A	U	U	D	E	A	A	E	G	Ç	R	R	P	I	I
C	A	N	J	C	K	M	Ş	F	K	Ü	M	B	L	K
A	H	L	C	E	P	A	İ	K	I	Y	B	V	I	Y
L	M	A	Y	B	N	Y	K	K	L	Ü	P	O	K	B
A	H	R	B	F	K	O	İ	A	A	Ş	B	K	Ş	U
R	D	E	T	J	K	B	D	K	B	Z	E	V	K	F

ÖRME
DANS
FOTOĞRAFÇILIK
OYUNLAR
BALIKÇILIK
AVCILIK
SERAMİK
SANAT
OKUMA
SIHIR
DİKİŞ
RAHATLAMA
ZEVK
BULMACALAR
BOYAMA
BAHÇIVANLIK
BECERI
BOŞ
YÜRÜYÜŞ

16 - Vormen

Ç	D	U	F	C	S	D	D	R	K	A	R	E	C	I
H	O	M	C	H	R	C	K	O	N	İ	S	I	R	A
İ	I	K	B	A	S	P	P	L	A	V	O	R	Q	S
P	Y	E	G	H	A	R	Ü	N	Y	E	E	Ğ	N	İ
E	B	K	P	E	R	Ü	K	Ç	A	K	M	E	J	L
R	I	T	Y	R	N	R	L	I	G	C	V	Ş	Q	İ
B	M	L	S	I	L	B	T	P	C	E	O	Ö	M	N
O	T	İ	M	A	R	İ	P	L	T	C	N	K	Q	D
L	K	Y	M	D	K	E	N	A	R	L	A	R	S	İ
A	V	L	H	D	I	K	D	Ö	R	T	G	E	N	R
Y	U	V	A	R	L	A	K	A	S	D	U	Q	G	K
G	L	H	N	B	K	V	J	Z	R	U	G	N	F	D
R	Z	H	Z	Z	T	M	K	M	M	K	H	A	L	D
P	R	İ	Z	M	A	V	F	F	B	E	M	Z	V	L
K	D	U	F	V	L	D	L	I	Y	Q	Y	D	F	Z

KÜRE
ARK
SİLİNDİR
DAIRE
EĞRI
ÜÇGEN
KÖŞE
HİPERBOL
YAN
KONİ
KÜP
SIRA
OVAL
PİRAMİT
PRİZMA
KENARLAR
DIKDÖRTGEN
YUVARLAK
ÇOKGEN
KARE

17 - Diplomatie

S	H	S	E	H	Ç	P	A	M	Ş	A	L	T	N	A
H	İ	D	D	B	Ö	T	K	M	M	L	Q	O	R	I
Ü	F	Y	R	U	Z	Ç	T	E	Z	L	L	P	İ	A
K	Y	D	A	H	Ü	R	E	L	L	İ	D	L	Ş	Q
Ü	N	S	L	S	M	B	L	K	C	A	Z	U	B	P
M	A	N	Ş	C	E	Q	A	İ	I	M	S	L	İ	E
E	M	İ	A	C	B	T	D	L	C	Ş	Z	U	R	T
T	Ş	Ç	D	P	M	A	A	İ	N	I	M	K	L	İ
K	I	L	N	E	V	Ü	G	Ç	A	T	T	E	İ	K
E	N	E	A	Q	U	D	S	L	B	R	Z	E	Ğ	D
V	A	K	T	J	C	T	M	E	A	A	Y	G	İ	E
B	D	Ü	A	B	V	Q	Y	E	Y	T	J	F	H	Q
K	F	Y	V	D	İ	P	L	O	M	A	T	İ	K	P
Z	K	Ü	L	N	Ü	T	Ü	B	G	I	L	S	Z	Y
F	E	B	O	D	R	P	H	İ	N	S	A	N	İ	S

DANIŞMAN
ELÇİLİK
BÜYÜKELÇİ
YABANCI
VATANDAŞLAR
ÇEKIŞME
DİPLOMATİK
TARTIŞMA
ETİK
TOPLULUK

ADALET
İNSANİ
BÜTÜNLÜK
ÇÖZÜM
SİYASET
HÜKÜMET
İŞBİRLİĞİ
DİLLER
GÜVENLIK
ANTLAŞMA

18 - Astronomie

S	M	İ	Q	F	B	T	G	A	K	N	B	L	R	A
M	B	M	P	Q	L	O	Ö	E	C	D	L	Z	Y	Y
R	S	İ	H	I	R	N	K	I	R	E	V	R	E	N
A	S	K	T	H	R	O	Y	U	H	O	L	Q	F	R
S	M	E	T	E	O	R	Ü	Y	C	O	K	K	U	A
A	A	Ç	L	O	L	T	Z	D	G	S	A	E	S	D
T	L	R	O	Y	S	S	Ü	U	F	J	R	E	T	Y
H	G	E	Z	N	J	A	L	J	O	L	P	K	U	A
A	Z	Y	P	O	K	S	E	L	E	T	O	İ	L	S
N	R	O	Z	I	D	L	I	Y	Z	E	T	N	U	Y
E	Z	I	D	L	I	Y	M	I	K	A	T	O	B	O
S	O	I	D	T	A	P	A	E	U	B	U	K	L	N
A	M	F	R	Q	Y	P	Q	K	T	M	D	S	E	Z
A	S	T	R	O	N	O	M	T	U	T	U	L	M	A
G	E	Z	E	G	E	N	Q	C	Q	K	V	Y	F	O

TOPRAK
ASTRONOT
ASTRONOM
ZODYAK
EKİNOKS
GÖKYÜZÜ
AY
METEOR
BULUTSU
RASATHANE
GEZEGEN
ROKET
UYDU
YILDIZ
TAKIMYILDIZ
RADYASYON
TELESKOP
EVREN
TUTULMA
YERÇEKİMİ

19 - Emoties

J	N	G	I	H	A	S	S	A	S	İ	Y	E	T	P
H	F	P	V	F	C	B	P	G	V	K	J	V	P	U
Ş	E	B	D	U	A	U	A	S	U	S	E	A	Ş	K
E	E	B	F	H	E	Z	İ	R	P	R	Ü	S	N	R
V	U	G	N	U	B	R	F	Y	I	Z	H	T	E	O
İ	R	A	H	A	T	L	A	M	A	Ş	U	M	Z	K
N	O	C	I	R	L	F	R	M	O	G	Z	E	A	Ö
Ç	R	G	T	U	S	B	M	A	R	E	U	M	K	F
Ü	I	L	N	A	C	E	Y	E	H	M	R	N	E	K
Z	B	R	I	O	T	B	M	Q	K	A	K	U	T	E
Ü	E	M	K	I	M	I	Z	P	S	P	T	N	O	S
N	I	R	I	G	J	E	D	J	A	D	U	R	F	A
T	L	T	S	U	K	D	Y	F	N	T	O	H	B	K
Ü	M	I	N	N	E	T	T	A	R	O	İ	H	S	I
M	U	T	L	U	L	U	K	Y	B	I	N	Y	B	N

KORKU
MINNETTAR
ÜZÜNTÜ
MUTLULUK
SAKIN
AŞK
RAHAT
HEYECANLI
RAHATLAMA
HUZUR
SEMPATİ
HASSASİYET
MEMNUN
SÜRPRİZ
SIKINTI
BARIŞ
SEVİNÇ
NEZAKET
ÖFKE

20 - Vakantie #2

N	E	Y	R	V	V	İ	Z	E	O	D	Y	R	N	Q
E	G	P	Y	Z	I	U	I	L	T	S	B	G	C	G
R	E	S	T	O	R	A	N	V	E	F	R	Y	K	B
T	A	K	S	İ	D	D	E	Z	L	H	K	Y	I	T
S	I	K	J	F	Ş	A	D	E	F	K	F	D	L	A
Z	C	R	C	S	O	B	E	Q	N	K	R	Q	I	D
Y	N	S	J	K	B	T	L	A	F	J	F	B	C	A
Ç	A	D	I	R	H	A	O	H	A	R	İ	T	A	Ğ
G	B	I	E	Q	F	H	U	Ğ	D	U	Y	H	M	L
S	A	C	A	H	K	A	A	H	R	S	D	R	I	A
O	Y	U	S	C	Q	Y	T	G	H	A	F	M	Ş	R
Z	H	L	V	D	F	E	D	E	H	E	F	V	A	I
P	L	A	J	R	P	S	J	R	K	M	J	L	T	I
H	A	V	A	L	İ	M	A	N	I	J	Y	N	A	Q
P	A	S	A	P	O	R	T	K	B	P	V	K	E	R

DAĞLAR
HEDEF
YABANCI
ADA
FOTOĞRAFLAR
OTEL
HARİTA
HAVALİMANI
PASAPORT
SEYAHAT
RESTORAN
PLAJ
TAKSİ
ÇADIR
TREN
TAŞIMACILIK
VİZE
BOŞ
DENIZ

21 - Weersomstandigheden

U	H	Y	T	Y	P	R	Ü	Z	G	Â	R	B	S	G
U	T	S	Q	G	I	T	R	O	P	İ	K	U	U	Ö
Z	Q	G	N	Ö	N	L	J	A	I	B	F	Z	S	K
T	A	H	U	K	J	Z	D	N	A	U	P	G	I	G
K	U	R	U	Y	N	V	T	I	G	H	S	Ö	C	Ü
N	P	F	H	Ü	S	E	K	T	R	H	S	K	A	R
O	M	V	E	Z	A	A	M	R	I	I	N	K	K	Ü
B	K	V	A	Ü	M	T	E	I	S	D	M	U	L	L
U	I	K	L	I	M	U	M	F	A	N	S	Ş	I	T
L	L	K	U	Q	O	V	S	O	K	R	O	A	K	Ü
U	K	U	S	E	L	N	O	O	S	E	G	Ğ	Q	S
T	A	T	B	U	L	U	T	L	N	F	B	I	S	Ü
L	R	U	O	O	H	I	N	L	T	H	E	R	İ	D
U	U	P	D	C	Z	L	F	P	V	G	M	R	S	J
K	K	I	F	T	E	C	R	Y	U	N	Y	E	U	L

ATMOSFER
BULUTLU
YILDIRIM
GÖK GÜRÜLTÜSÜ
KURU
KURAKLIK
GÖKYÜZÜ
BUZ
IKLIM
SİS
MUSON
SEL
KUTUP
GÖKKUŞAĞI
FIRTINA
SICAKLIK
KASIRGA
TROPİK
RÜZGÂR
BULUT

22 - Politiek

A	Z	P	H	H	Z	B	E	Ş	I	T	L	I	K	U
G	C	H	L	Ü	H	H	Z	Ü	O	C	V	M	Ü	L
C	B	A	E	Z	K	P	L	R	E	O	P	O	L	U
V	E	R	G	İ	G	Ü	U	Ö	K	Q	E	G	R	S
K	O	M	İ	T	E	K	M	G	A	I	U	D	Ü	A
S	Y	I	K	J	E	İ	O	E	H	A	F	I	G	L
V	F	Ç	F	E	G	L	E	N	T	G	D	C	Z	T
F	O	E	G	E	B	R	T	F	S	D	M	A	Ö	Y
P	G	S	A	N	H	E	İ	D	Q	E	I	K	Y	E
N	U	N	P	J	P	L	K	O	B	O	Y	İ	K	F
Z	L	N	A	F	J	Ü	T	S	İ	V	İ	T	K	A
A	E	A	Y	N	A	P	M	A	K	B	Q	İ	Z	A
F	G	A	T	A	F	O	A	K	I	T	I	L	O	P
E	K	E	P	T	I	P	Z	E	Q	N	E	O	O	D
R	H	O	S	T	R	A	T	E	J	İ	D	P	A	V

AKTİVİST
VERGİ
POLITIKA
KAMPANYA
KOMİTE
ETİK
EŞITLIK
ADAY
SEÇIM
GÖRÜŞ
ULUSAL
POLİTİKACI
POPÜLERLİK
KONSEY
HÜKÜMET
STRATEJİ
ÖZGÜRLÜK
ZAFER

23 - Eten #2

Ü	B	E	G	H	K	K	T	T	N	K	E	C	U	Z
K	Z	C	M	R	Y	Y	S	İ	L	O	K	O	R	B
U	U	Ü	Ş	E	F	T	A	L	I	Y	M	B	I	J
Ş	M	E	M	L	P	G	N	D	L	A	E	T	N	A
K	N	A	C	I	L	T	A	P	Ğ	A	K	A	Y	M
O	H	E	N	O	T	V	N	B	Y	U	Q	P	E	B
N	H	K	G	A	L	E	A	A	O	C	B	I	P	O
M	Y	U	M	U	R	T	A	L	Ğ	E	Z	R	P	N
A	Q	P	J	V	Y	D	Y	I	U	L	E	I	N	I
Z	T	U	P	P	N	U	O	K	R	M	J	N	K	T
B	A	D	E	M	R	P	O	M	T	A	T	Ç	B	H
F	L	S	N	Y	K	Q	U	R	A	O	L	C	V	Z
U	R	Q	K	İ	V	İ	A	K	Q	T	N	U	N	O
E	K	N	T	T	A	V	U	K	R	I	E	O	G	U
M	S	F	Q	C	V	D	T	Q	G	O	J	S	J	C

BADEM
ANANAS
ELMA
KUŞKONMAZ
PATLICAN
MUZ
BROKOLİ
EKMEK
ÜZÜM
YUMURTA
JAMBON
PEYNIR
TAVUK
KİVİ
ŞEFTALI
PIRINÇ
BUĞDAY
DOMATES
BALIK
YOĞURT

24 - Restaurant #1

T	U	I	I	I	D	B	P	E	Ç	E	T	E	Y	B
G	A	N	O	Y	S	A	V	R	E	Z	E	R	E	A
I	N	T	S	O	S	H	P	I	K	V	T	O	M	Y
D	U	V	L	T	G	A	İ	U	Q	C	H	V	E	A
A	Z	M	G	I	F	R	J	D	M	A	V	A	K	N
Y	K	Q	A	C	P	A	R	J	N	T	B	K	K	G
N	E	M	Q	T	R	T	E	Y	V	A	Q	M	A	A
D	Y	P	C	A	T	L	L	K	Z	S	T	G	F	R
F	C	K	R	V	D	I	A	Y	Q	B	T	T	T	S
G	N	M	U	U	S	I	D	I	J	G	Z	B	U	O
M	E	N	Ü	K	U	B	A	L	Z	K	Y	Z	M	N
Q	G	V	K	O	C	Q	K	O	J	Q	Z	M	K	K
C	Y	I	G	V	I	N	G	M	A	M	T	L	R	A
E	K	M	E	K	L	J	M	P	T	A	B	A	K	V
A	P	V	K	B	I	N	J	B	I	Ç	A	K	A	G

ALERJİ
TABAK
EKMEK
YEMEK
MUTFAK
TAVUK
KAHVE
TAS
MENÜ
BIÇAK
BAHARATLI
REZERVASYON
SOS
BAYAN GARSON
PEÇETE
TATLI
ET
GIDA

25 - Geologie

G	N	L	G	V	F	I	H	B	D	F	U	A	M	D
P	G	K	Ş	A	T	S	J	R	E	C	T	H	K	D
G	E	K	A	L	Y	A	Y	L	P	B	Ö	L	G	E
M	Q	T	K	O	V	Z	R	B	R	M	M	C	T	B
V	Q	D	A	U	O	Y	E	T	E	K	H	K	M	A
F	O	S	İ	L	L	D	L	R	M	A	P	K	F	M
T	M	Z	G	I	K	Ö	L	I	D	T	M	Y	Z	B
S	Q	B	J	K	A	K	A	K	O	M	Y	M	S	P
E	A	C	I	I	N	M	T	İ	S	A	U	S	E	C
M	R	R	L	T	A	E	S	M	M	N	U	A	M	R
A	L	O	K	A	A	R	İ	Z	L	J	I	H	E	E
Ğ	V	Y	Z	I	B	F	R	A	I	H	K	H	B	N
A	L	D	U	Y	T	L	K	A	L	S	İ	Y	U	M
R	H	Z	T	V	O	K	U	V	A	R	S	D	A	T
A	E	D	H	V	N	N	A	C	R	E	M	K	M	N

DEPREM
KALSİYUM
KITA
EROZYON
FOSİL
GAYZER
DÖKME
MAĞARA
MERCAN
KRİSTALLER
KUVARS
KATMAN
LAV
YAYLA
SARKIT
TAŞ
VOLKAN
BÖLGE
TUZ
ASİT

26 - Specerijen

S	Y	A	V	S	L	K	T	Z	R	M	Z	R	Z	F
O	O	D	A	A	M	İ	K	A	R	A	N	F	İ	L
Ğ	Y	Z	N	R	U	M	K	T	U	Z	I	E	R	I
A	Z	O	İ	I	P	Y	I	G	D	G	Ç	G	Ö	F
N	U	T	L	M	I	O	R	S	Q	F	R	D	K	E
A	C	I	Y	S	P	N	M	S	J	T	A	I	K	C
V	H	M	A	A	P	Y	I	K	B	B	T	A	J	N
C	U	N	Z	K	T	Q	Z	Ç	E	M	E	N	L	E
K	E	N	E	Z	E	R	I	L	V	N	L	A	A	Z
I	A	V	M	V	Z	Y	B	O	L	R	A	R	N	Y
T	R	K	İ	V	Z	Ş	İ	N	Ş	İ	K	F	A	P
M	A	P	U	Z	E	I	B	K	T	N	Q	A	S	B
L	Y	T	S	L	L	U	E	E	G	G	V	S	O	F
A	C	E	L	D	E	I	R	Q	Z	Q	N	I	N	F
J	A	P	V	I	Z	O	N	E	M	J	R	K	V	Z

ANASON
ACI
ÇEMEN
ZENCEFIL
TARÇIN
KAKULE
KÖRİ
SARIMSAK
KİMYON
KİŞNİŞ
KARANFİL
CEVİZ
KIRMIZI BİBER
SAFRAN
LEZZET
SOĞAN
VANİLYA
REZENE
TATLI
TUZ

27 - Groenten

E	Y	L	E	Z	E	B	K	F	U	K	Ş	V	H	B
Y	N	U	G	D	U	K	T	I	G	N	A	K	A	J
B	F	G	R	Z	K	A	B	A	K	Z	L	E	V	Q
Z	Z	R	İ	O	I	S	N	T	T	E	G	R	U	D
B	J	Z	B	N	L	M	K	A	A	Y	A	E	Ç	O
V	A	C	E	A	A	I	G	L	C	T	M	V	Y	M
S	I	Q	N	D	T	R	S	A	V	I	R	İ	Y	A
E	O	V	L	Y	A	A	R	S	M	N	L	Z	I	T
T	I	Ğ	A	A	L	S	J	H	S	J	M	T	E	E
A	N	B	A	M	A	I	S	P	A	N	A	K	A	S
T	L	E	U	N	S	Z	E	N	C	E	F	I	L	P
A	M	A	N	T	A	R	B	R	O	K	O	L	İ	H
P	O	G	R	O	Y	N	A	V	Y	I	S	K	F	N
B	M	O	V	H	P	Q	K	T	N	O	Z	J	H	Z
T	U	R	P	K	L	M	O	R	C	N	C	Z	T	F

PATATES
ENGİNAR
PATLICAN
BROKOLİ
BEZELYE
ZENCEFIL
SARIMSAK
SALATALIK
ZEYTIN
MANTAR

MAYDANOZ
KABAK
ŞALGAM
TURP
SALATA
KEREVİZ
ISPANAK
DOMATES
SOĞAN
HAVUÇ

28 - Archeologie

P	J	A	S	G	A	E	J	V	A	M	I	K	A	T
A	A	R	E	L	K	İ	M	E	K	E	N	S	E	N
R	K	A	Z	P	Q	A	L	J	I	Z	A	E	C	E
Ç	M	Ş	O	O	R	Z	N	K	U	A	M	S	L	Y
A	P	T	B	J	K	O	J	I	Y	R	Z	Z	I	E
P	Z	I	L	A	N	A	F	S	P	I	U	F	C	M
Z	T	R	İ	I	S	R	R	E	Y	A	D	U	F	N
R	E	M	S	G	I	Z	E	M	S	D	T	M	H	I
Q	Y	A	O	M	L	D	Z	O	D	Ö	D	J	R	L
M	I	C	F	J	T	H	Q	S	E	I	R	Q	S	I
Q	N	I	T	N	I	L	A	K	S	K	P	L	O	B
D	E	Ğ	E	R	L	E	N	D	I	R	M	E	R	Z
C	D	N	A	V	Ö	U	N	U	T	U	L	M	U	Ş
N	E	Z	M	Ç	D	S	I	T	C	L	J	Y	P	J
E	M	V	N	Y	B	D	Y	O	F	D	G	C	I	E

ANALIZ
MEDENIYET
KEMİKLER
UZMAN
DEĞERLENDIRME
FOSİL
PARÇA
MEZAR
GIZEM
DÖL
NESNE
BILINMEYEN
ARAŞTIRMACI
PROFESÖR
KALINTI
TAKIM
TAPINAK
ÇAĞ
UNUTULMUŞ

29 - Dans

H	M	H	F	I	I	V	F	T	A	N	A	S	L	L
F	A	K	K	H	G	Q	Z	D	K	İ	S	A	L	K
O	P	R	Ü	R	F	Z	N	P	A	I	Z	Y	Y	B
R	C	A	E	L	B	M	Z	B	D	H	Z	Y	A	C
T	J	D	Z	K	T	C	S	Q	E	M	Ü	Z	I	K
A	G	I	K	C	E	Ü	O	D	M	İ	B	I	L	Z
K	D	U	R	U	Ş	T	R	F	İ	T	H	Q	E	T
V	Ü	C	U	T	J	P	U	P	L	İ	B	A	Ş	L
J	I	E	İ	F	A	R	G	O	E	R	O	K	E	A
P	R	O	V	A	V	E	Y	L	R	T	B	L	N	N
G	Ö	R	S	E	L	L	U	L	Ü	P	A	O	G	L
O	Q	H	P	F	V	L	D	Q	T	T	I	Q	C	A
Q	G	E	T	L	O	J	F	Y	L	N	U	R	U	M
N	Z	O	T	K	T	T	B	F	Ü	T	K	F	L	L
J	B	A	C	G	Q	J	Q	E	K	R	E	M	S	I

AKADEMİ
HAREKET
NEŞELI
KOREOGRAFİ
KÜLTÜREL
KÜLTÜR
DUYGU
ANLAMLI
LÜTUF
DURUŞ
KLASİK
SANAT
VÜCUT
MÜZIK
ORTAK
PROVA
RİTİM
GÖRSEL

30 - Ziekte

I	K	İ	T	E	N	E	G	T	T	N	K	N	Z	B
İ	I	D	N	Z	J	B	P	H	N	Y	A	Ö	N	A
P	L	K	E	M	İ	K	L	E	R	T	L	R	D	Ğ
A	Ğ	T	U	K	A	B	A	Q	H	E	I	O	U	I
T	A	E	İ	E	J	J	K	N	Z	R	T	P	P	Ş
O	S	S	Y	H	L	M	I	H	L	A	S	A	D	I
J	S	S	R	F	A	B	R	V	E	P	A	T	S	K
E	O	V	İ	Z	I	P	E	H	Q	İ	L	İ	E	L
N	L	A	Ü	N	B	U	L	A	Ş	I	C	I	N	I
L	U	B	J	C	Ü	B	İ	P	S	D	R	N	D	K
E	N	Q	M	J	U	S	J	U	E	O	I	I	R	Z
R	U	V	T	S	H	T	R	J	A	J	C	K	O	A
H	M	L	E	Y	İ	R	E	T	K	A	B	A	M	Y
Z	D	F	B	N	Q	G	L	K	R	O	N	İ	K	I
G	J	U	K	J	Q	F	A	V	H	P	I	H	O	F

AKUT
SOLUNUM
ALERJİLER
BAKTERİYEL
BULAŞICI
KEMİKLER
KRONİK
KALITSAL
GENETİK
SAĞLIK
KALP
BAĞIŞIKLIK
VÜCUT
NÖROPATİ
İLTİHAP
SİNÜS
SENDROM
TERAPİ
PATOJENLER
ZAYIF

31 - Sport

T	R	U	M	N	S	J	H	B	E	K	S	S	D	D
H	E	D	Q	I	T	I	B	Y	G	M	S	P	G	R
C	U	N	G	Y	A	A	K	E	E	A	V	J	B	Y
J	K	M	İ	K	D	L	O	F	Y	M	E	I	E	H
U	İ	F	H	S	Y	U	Ç	N	Q	Z	D	Y	O	A
A	T	L	E	T	U	C	N	U	Y	O	B	Z	D	R
K	S	O	A	N	M	Y	O	Y	K	E	A	O	F	E
A	A	B	O	G	I	K	Y	O	E	Y	R	B	L	K
Z	N	T	I	V	K	M	İ	A	S	B	Z	I	O	E
A	M	E	T	A	A	E	P	U	H	U	J	S	G	T
N	İ	K	J	M	T	S	M	L	G	R	P	I	N	D
A	J	S	G	O	E	Z	A	E	N	V	S	K	V	R
N	Z	A	P	M	B	N	Ş	Q	K	E	H	L	C	C
D	Z	B	C	H	O	K	E	Y	I	A	S	E	M	K
S	A	L	O	N	N	B	B	P	J	V	H	T	E	O

ATLET
BASKETBOL
HAREKET
BISIKLET
GOLF
SALON
JİMNASTİK
HOKEY
BEYZBOL
ŞAMPİYON
HAKEM
OYUN
OYUNCU
STADYUM
TAKIM
TENİS
KOÇ
KAZANAN

32 - Mythologie

Y	B	S	Y	A	R	A	T	I	K	J	J	C	U	V
F	A	Ü	B	Y	R	F	I	S	K	A	Q	A	M	U
F	H	R	Y	J	K	K	Ü	L	T	Ü	R	N	A	N
E	P	D	A	Ü	J	Ü	I	Y	P	M	K	A	C	Y
L	K	J	H	T	L	E	L	G	P	P	D	V	F	I
A	E	J	Y	E	I	Ü	F	Z	D	Q	M	A	Z	L
K	P	U	T	C	I	L	Ş	Z	Ü	F	N	R	T	D
E	N	U	M	U	N	N	I	Q	S	S	A	T	Z	I
T	E	F	S	A	N	E	N	Ş	A	K	M	B	Y	R
C	E	N	N	E	T	M	A	O	V	U	A	Ü	Ö	I
C	O	I	Z	T	H	Q	R	E	A	V	R	G	L	M
H	T	T	K	U	N	I	V	K	Ş	V	H	R	Ü	Ö
J	T	N	E	R	İ	B	A	L	Ç	E	A	R	M	O
I	N	T	I	K	A	M	D	Y	I	T	K	Y	L	G
K	I	S	K	A	N	Ç	L	I	K	R	C	F	Ü	P

NUMUNE
YILDIRIM
YARATILIŞ
KÜLTÜR
LABİRENT
DAVRANIŞ
KAHRAMAN
CENNET
KISKANÇLIK
KUVVET
SAVAŞÇI
EFSANE
BÜYÜLÜ
CANAVAR
ÖLÜMSÜZLÜK
FELAKET
ÖLÜMLÜ
YARATIK
INTIKAM

33 - Eten #1

F	A	B	R	O	Ç	G	N	S	T	M	G	P	T	Ş
J	T	L	B	B	A	L	I	K	I	E	O	H	J	E
K	A	A	D	Ç	Q	M	Ç	L	R	Y	V	R	C	K
I	L	R	H	U	G	H	R	İ	E	V	Y	A	H	E
U	A	Z	P	V	C	S	A	M	Q	E	G	K	T	R
I	S	I	Y	A	K	J	T	O	S	S	T	K	L	V
P	R	U	O	H	I	E	T	N	A	U	U	F	F	I
O	Z	F	J	J	T	R	U	E	R	Y	Z	T	C	R
A	D	G	I	N	S	F	M	Ğ	I	U	J	F	J	I
T	V	L	Z	P	I	Y	R	E	M	S	O	P	S	D
E	A	M	G	R	F	H	A	L	S	R	O	G	Ü	Z
G	F	J	Z	V	O	T	R	S	A	E	G	Ğ	T	H
N	L	G	U	M	H	N	V	E	K	Q	D	I	A	Y
V	Ç	İ	L	E	K	I	B	F	S	C	O	D	Z	N
A	J	K	I	S	P	A	N	A	K	G	V	O	M	A

ÇİLEK
KAYISI
FESLEĞEN
LİMON
ARPA
TARÇIN
SARIMSAK
SÜT
ARMUT
FISTIK
SALATA
MEYVE SUYU
ÇORBA
ISPANAK
ŞEKER
BALIK
SOĞAN
ET
HAVUÇ
TUZ

34 - Avontuur

I	E	C	S	E	V	İ	N	Ç	Y	V	V	V	I	Z
A	M	E	G	Q	M	T	M	C	Y	E	F	Y	Ş	O
Q	N	S	F	Ü	J	U	E	E	Y	Q	N	M	I	R
I	İ	A	Y	J	Z	S	V	H	A	U	L	I	D	L
M	Y	R	A	O	A	E	K	U	L	R	O	Z	N	U
L	E	E	Z	R	R	I	R	U	Y	I	S	N	A	K
V	T	T	P	E	A	C	D	G	Q	J	K	Y	Ğ	L
G	Ü	Z	E	L	L	I	K	H	A	K	Q	E	A	A
Q	K	G	D	T	Ş	T	I	E	L	H	N	C	L	R
Q	D	E	J	A	A	R	L	V	P	M	C	A	O	I
Q	Y	Z	C	H	D	I	R	E	H	E	D	E	F	A
H	O	I	C	A	A	Ş	I	S	N	A	Ş	Z	T	V
I	Y	C	V	Y	K	A	Z	H	U	O	R	I	P	V
D	O	Ğ	A	E	R	Ş	A	A	O	J	H	B	G	K
J	J	R	T	S	A	B	H	R	V	S	E	F	E	R

HEDEF
HEVES
GEZI
TEHLIKELI
ŞANS
CESARET
ZORLUK
DOĞA
SEFER
YENI

OLAĞAN DIŞI
GÜZERGAH
SEYAHATLER
GÜZELLIK
ZORLUKLAR
EMNİYET
ŞAŞIRTICI
HAZIRLIK
SEVİNÇ
ARKADAŞLAR

35 - Restaurant #2

U	Q	E	Y	K	B	U	Z	S	L	R	J	G	J	I
G	L	Q	S	O	V	M	V	E	D	E	K	V	B	P
A	U	D	O	A	P	N	V	E	M	L	A	T	A	Ç
T	K	B	A	H	A	R	A	T	K	E	O	P	L	M
P	I	E	R	İ	Ş	T	E	V	T	Z	Y	T	I	Y
F	Ş	U	C	J	U	F	S	Q	D	B	F	V	K	D
G	A	R	S	O	N	C	I	L	T	E	Z	Z	E	L
O	K	M	E	Z	E	M	J	P	U	S	V	F	K	Z
G	O	L	Y	N	H	R	J	U	R	Ç	J	Q	A	A
B	U	Z	L	Y	U	M	U	R	T	A	O	T	N	T
H	Y	D	A	K	A	H	P	K	T	C	O	R	I	A
R	L	F	D	U	Q	D	T	Y	U	P	E	U	B	L
S	Y	M	N	Y	G	U	I	B	Z	F	D	U	E	A
L	O	H	A	O	V	T	B	Z	G	F	Z	Y	J	S
T	Q	R	S	R	Z	H	Z	P	K	Q	M	F	U	F

KEK
YUMURTA
MEYVE
SEBZELER
LEZZETLI
BUZ
KAŞIK
ERİŞTE
GARSON
SALATA
ÇORBA
BAHARAT
SANDALYE
BALIK
MEZE
ÇATAL
SU
TUZ

36 - Bijen

E	V	Y	E	M	B	F	Y	I	S	S	Q	Q	U	B
B	K	D	A	V	A	U	P	K	D	U	M	A	N	Ö
G	A	O	K	Z	H	O	Ü	R	Ü	S	L	S	B	C
G	I	L	S	G	Ç	C	J	A	Ç	İ	Ç	E	K	E
I	U	B	B	İ	E	O	I	L	A	D	Y	A	F	K
D	Y	N	I	M	S	J	T	I	T	K	J	L	T	S
A	Z	E	O	Y	F	T	Ş	Ç	O	A	S	F	Z	G
B	A	L	M	U	M	U	E	E	Z	N	E	L	O	P
M	D	I	Y	C	O	T	N	M	L	A	G	J	D	O
U	C	N	Y	S	T	N	Ü	G	A	T	C	E	J	I
H	P	O	V	G	P	K	G	R	Y	L	T	F	U	Y
V	H	T	F	I	F	M	A	J	I	A	L	U	K	C
S	Q	U	J	G	K	H	P	G	C	R	Z	A	V	L
E	I	Z	T	D	Z	K	T	E	I	K	O	V	A	N
B	İ	T	K	İ	L	E	R	E	L	K	E	Ç	İ	Ç

TOZLAYICI
KOVAN
ÇİÇEKLER
ÇİÇEK
EKOSİSTEM
MEYVE
BAL
BÖCEK
KRALIÇE
BİTKİLER
DUMAN
POLEN
BAHÇE
KANATLAR
GIDA
FAYDALI
BALMUMU
GÜNEŞ
SÜRÜ

37 - Wandelen

H	E	N	G	P	T	C	B	V	I	Z	S	B	R	S
A	H	T	M	O	A	I	O	V	M	A	Ğ	I	R	P
Y	K	I	L	R	I	Z	A	H	I	Q	C	O	P	F
V	C	T	E	H	L	İ	K	E	L	E	R	R	P	K
A	I	N	R	V	Z	N	Ş	H	K	O	D	L	K	A
N	E	A	V	S	M	R	K	H	I	U	S	T	F	N
L	I	L	L	F	U	A	V	J	A	T	İ	R	A	H
A	D	P	N	L	R	C	S	E	B	V	P	Q	A	M
R	Z	O	U	D	U	Q	L	T	B	V	G	K	F	P
R	I	T	B	N	Ç	U	B	Z	L	V	Ü	B	T	A
H	L	M	M	A	U	H	U	F	O	Z	N	N	K	R
O	R	Y	A	N	T	A	S	Y	O	N	E	D	L	K
D	R	Y	V	Ğ	N	T	R	R	A	L	Ş	A	T	L
M	Z	K	A	T	O	Y	O	R	G	U	N	Ğ	V	A
Z	J	Y	H	U	O	D	H	F	Z	N	T	V	E	R

DAĞ
HAYVANLAR
TEHLİKELER
HARİTA
UÇURUM
IKLIM
YORGUN
DOĞA
ORYANTASYON
PARKLAR
TAŞLAR
TOPLANTI
HAZIRLIK
SU
HAVA
VAHŞİ
GÜNEŞ
AĞIR

38 - Biologie

E	C	S	O	L	U	N	U	M	K	A	G	M	Z	C
F	M	K	V	T	T	R	H	O	O	N	O	R	Ö	N
H	C	B	E	H	I	M	E	Z	L	A	Q	Y	Q	H
R	Ü	O	R	I	N	I	S	U	A	T	D	S	D	J
A	T	C	Z	İ	V	H	N	M	J	O	C	T	G	O
C	J	B	R	M	Y	A	T	H	E	M	C	L	U	F
P	D	N	İ	E	T	O	R	P	N	İ	R	N	G	O
D	N	V	D	K	R	O	M	O	Z	O	M	V	B	T
F	I	V	O	N	O	Y	S	A	T	U	M	S	O	O
C	I	L	Ğ	S	İ	S	O	İ	B	M	Y	S	H	S
Y	S	L	A	S	T	J	S	B	N	K	E	E	O	E
I	I	C	L	O	I	A	P	H	B	A	N	U	R	N
E	N	Z	İ	M	M	E	M	E	L	İ	P	F	M	T
G	C	O	Q	Z	N	E	G	N	Ü	R	Ü	S	O	E
S	F	E	C	O	E	V	R	I	M	E	B	M	N	Z

SOLUNUM
ANATOMİ
HÜCRE
KROMOZOM
KOLAJEN
PROTEİN
EMBRİYO
ENZİM
EVRIM
FOTOSENTEZ
HORMON
MUTASYON
DOĞAL
NÖRON
OZMOS
SÜRÜNGEN
SYMBİOSİS
SİNAPS
SINIR
MEMELİ

39 - Landen #1

E	M	D	C	S	L	N	O	R	V	E	Ç	I	M	Q
A	L	İ	A	R	S	İ	Y	V	F	Ş	F	R	I	B
F	L	Y	D	F	M	E	B	L	O	İ	N	A	S	R
A	A	Y	L	A	T	İ	N	Y	B	L	Y	K	I	E
L	Y	S	R	R	Z	G	K	E	A	İ	K	R	R	Z
M	N	T	B	K	S	V	M	R	G	Y	N	O	Y	I
A	O	C	D	A	M	A	N	A	P	A	B	M	J	L
N	T	D	A	N	Z	S	G	B	G	F	L	A	M	Y
Y	E	C	B	A	B	E	L	Ç	I	K	A	N	Q	A
A	L	B	O	D	İ	S	P	A	N	Y	A	Y	Y	Y
C	F	U	G	A	Y	Ç	O	B	M	A	K	A	Y	N
G	J	C	F	O	N	İ	K	A	R	A	G	U	A	O
I	T	Q	K	D	N	J	K	D	A	P	B	A	Q	L
Y	V	P	Z	C	C	E	O	H	A	O	L	T	O	O
P	A	I	P	A	H	P	L	J	H	U	Y	I	G	P

BELÇIKA
BREZILYA
KAMBOÇYA
KANADA
ŞİLİ
ALMANYA
MISIR
IRAK
İSRAİL
İTALYA
LETONYA
LİBYA
FAS
NİKARAGUA
NORVEÇ
PANAMA
POLONYA
ROMANYA
SENEGAL
İSPANYA

40 - Installaties

G	Z	J	C	R	U	Y	C	G	Ü	B	R	E	Y	N
Y	V	V	J	Z	P	U	N	H	C	C	O	K	P	H
B	F	D	A	V	P	F	J	A	O	V	T	V	U	O
A	K	L	J	H	N	V	Q	Z	A	Q	Ç	A	L	I
H	B	U	O	C	V	F	A	S	R	O	D	P	F	O
Ç	A	A	G	R	U	E	D	A	Ü	O	R	M	A	N
E	L	Y	M	L	A	Y	D	R	Q	T	O	F	K	B
Y	H	A	B	B	N	N	E	M	I	Ç	K	K	Ö	O
L	Ç	P	S	T	U	D	C	A	K	A	Y	A	K	T
U	I	R	L	T	S	N	U	Ş	D	Ğ	Y	S	K	A
S	Ç	A	T	A	O	J	O	I	Q	A	O	Z	S	N
A	E	K	A	O	Y	E	P	K	B	J	O	L	B	İ
F	K	B	İ	T	K	İ	Ö	R	T	Ü	S	Ü	D	K
Y	E	Ş	İ	L	L	İ	K	A	G	K	I	C	O	I
I	E	C	U	M	Y	S	S	F	N	L	B	O	D	S

BAMBU
DUT
YAPRAK
ÇIÇEK
AĞAÇ
FASULYE
ORMAN
KAKTÜS
FLORA
YEŞİLLİK

ÇIMEN
SARMAŞIK
OT
GÜBRE
YOSUN
BOTANİK
ÇALI
BAHÇE
BİTKİ ÖRTÜSÜ
KÖK

41 - Agronomie

T	T	G	Z	D	J	K	P	K	Y	A	P	I	M	V
G	O	U	Ü	A	K	M	O	Z	Q	S	İ	J	Q	M
S	O	P	B	B	I	S	T	B	C	O	J	R	F	M
U	Y	I	R	L	R	K	M	A	G	Y	O	E	J	F
G	V	O	A	A	R	E	E	R	M	J	L	N	S	H
F	M	G	L	S	K	İ	N	A	G	R	O	E	D	T
H	J	B	K	R	A	P	R	Ş	E	Z	K	D	D	G
N	Y	U	I	I	M	Q	E	T	H	N	E	V	T	I
S	U	N	L	K	U	B	L	I	J	O	N	V	A	D
S	E	A	A	E	K	I	E	R	V	E	Ç	R	R	A
T	V	E	T	K	O	L	Z	M	U	H	O	T	I	Z
I	Y	V	S	M	G	I	B	A	Ü	V	O	O	M	V
K	Y	R	A	H	Y	M	E	N	O	Y	Z	O	R	E
H	E	D	H	L	E	P	S	Z	B	N	Ü	S	H	D
K	I	R	L	I	L	I	K	J	S	Z	K	B	U	Y

TOPRAK
EKOLOJİ
ENERJI
EROZYON
BÜYÜME
SEBZELER
TARIM
KIRSAL
GÜBRE
ÇEVRE
ARAŞTIRMA
ORGANİK
YAPIM
OKUMAK
KIRLILIK
GIDA
SU
BILIM
TOHUM
HASTALIKLAR

42 - Oceaan

I	H	U	S	D	M	Z	Y	D	R	E	S	İ	F	C
C	P	J	H	Ü	H	E	H	I	U	E	C	S	Z	N
Q	I	T	D	Z	N	U	S	O	Y	K	Q	J	U	M
K	Z	I	C	D	I	G	A	H	T	A	P	O	T	Z
I	Ğ	I	L	A	B	K	E	P	Ö	K	Z	A	O	Q
S	F	Ğ	F	Ğ	B	S	Y	R	B	Y	I	F	B	R
A	I	I	M	A	A	Z	D	A	A	A	U	T	T	V
N	R	L	E	B	L	O	İ	L	Y	H	L	N	U	E
A	T	A	R	M	I	H	R	A	K	N	H	I	U	A
Z	I	B	C	U	N	T	İ	G	L	E	G	M	K	S
İ	N	N	A	L	A	D	T	L	Y	E	N	G	E	Ç
N	A	A	N	P	F	D	S	A	E	K	T	Q	O	T
E	H	L	F	A	E	F	İ	D	D	K	S	F	U	U
D	F	I	J	K	K	A	R	İ	D	E	S	Z	F	I
C	T	Y	J	I	F	B	N	V	Q	H	Y	D	K	O

YILAN BALIĞI
YOSUN
BOT
YUNUS
KARİDES
GELGİT
DALGALAR
KÖPEKBALIĞI
MERCAN
YENGEÇ
DENİZANASI
AHTAPOT
İSTİRİDYE
RESİF
KAPLUMBAĞA
SÜNGER
FIRTINA
BALIK
BALINA
TUZ

43 - Landen #2

T	K	G	V	G	E	Y	İ	R	U	S	C	M	J	L
G	D	K	Q	M	B	P	N	R	D	E	Y	H	Z	İ
M	A	L	E	Z	Y	A	İ	V	L	P	A	U	J	B
J	P	C	A	V	J	K	J	V	D	A	N	U	F	E
K	Q	L	H	S	D	S	E	P	A	D	N	A	K	R
G	L	A	O	T	M	O	R	M	N	N	A	D	I	Y
M	E	K	S	İ	K	A	Y	U	İ	A	N	S	A	A
L	F	K	E	M	J	L	A	D	M	G	B	O	S	E
E	N	D	O	N	E	Z	Y	A	A	U	Ü	M	N	T
N	J	H	I	Q	Z	F	S	Z	R	L	L	A	A	İ
J	A	P	O	N	Y	A	U	L	K	M	Z	L	R	Y
N	E	P	A	L	A	L	R	I	A	Q	Q	İ	F	O
U	K	R	A	Y	N	A	K	E	N	Y	A	O	A	P
L	M	T	G	Y	U	N	A	N	I	S	T	A	N	Y
J	U	N	L	J	G	H	Z	C	B	M	J	I	D	A

DANİMARKA
ETİYOPYA
FRANSA
YUNANISTAN
İRLANDA
ENDONEZYA
JAPONYA
KENYA
LAOS
LÜBNAN
LİBERYA
MALEZYA
MEKSİKA
NEPAL
NİJERYA
UGANDA
UKRAYNA
RUSYA
SOMALİ
SURİYE

44 - Bloemen

P	Q	D	K	K	H	N	K	J	C	O	C	Ş	V	S
B	P	C	B	U	Ç	A	R	E	R	E	S	A	D	O
U	H	R	J	Q	C	A	Ş	L	E	D	İ	K	R	O
K	U	Y	G	B	E	I	R	H	Y	E	G	A	F	Z
E	L	A	L	I	Y	R	T	K	A	L	R	Y	L	A
T	Y	İ	M	V	A	E	A	L	I	Ş	E	I	N	M
A	A	C	N	O	Y	M	M	Ü	A	F	N	K	C	B
Y	S	E	C	K	N	U	A	G	Y	V	E	Q	T	A
Ç	E	M	P	K	E	L	N	I	T	U	A	L	C	K
İ	M	Ü	Y	C	D	P	O	U	A	V	L	N	E	P
Ç	İ	G	N	K	R	S	L	Z	P	B	V	Q	T	K
E	N	E	I	H	A	T	Y	T	A	T	G	U	P	A
Ğ	D	B	H	Q	G	V	A	E	P	H	D	I	K	Z
İ	Q	E	K	A	R	A	H	İ	N	D	İ	B	A	D
Y	A	P	R	A	K	D	Z	K	J	E	O	M	K	V

YAPRAK
BUKET
GARDENYA
EBEGÜMECİ
YASEMİN
YONCA
LAVANTA
ZAMBAK
PAPATYA
MANOLYA
NERGİS
ORKİDE
KARAHİNDİBA
HAŞHAŞ
ÇARKIFELEK
ŞAKAYIK
PLUMERIA
GÜL
LALE
AYÇİÇEĞİ

45 - Landschappen

A	S	T	V	A	J	Z	K	K	B	S	G	N	Ş	Y
I	P	C	Z	U	J	P	T	Q	A	I	A	E	E	I
I	V	J	G	V	O	K	C	R	O	H	Y	H	L	B
Z	J	A	L	P	T	T	U	C	F	T	Z	I	A	U
S	J	D	D	N	Z	S	T	A	P	C	E	R	L	Z
Z	O	A	A	B	U	Z	D	A	Ğ	I	R	Z	E	U
I	S	A	Ğ	H	L	D	G	D	M	A	J	G	V	L
R	U	T	E	P	E	I	D	A	V	A	L	I	A	G
Q	N	G	Ö	L	B	Z	J	M	C	O	Ğ	B	H	M
B	A	T	A	K	L	I	K	I	Ç	L	L	A	A	Y
Z	Y	U	O	E	C	N	F	R	F	Ö	G	K	R	G
G	K	M	T	B	A	E	H	A	T	I	L	I	A	A
C	O	C	Z	E	J	D	N	Y	F	J	S	B	K	N
D	E	I	E	T	U	N	D	R	A	D	H	S	K	P
H	K	E	K	A	D	P	D	S	J	Z	F	V	Q	L

DAĞ
ADA
GAYZER
BUZUL
MAĞARA
TEPE
BUZDAĞI
GÖL
BATAKLIK
VAHA
OKYANUS
NEHIR
YARIMADA
PLAJ
TUNDRA
VADI
VOLKAN
ŞELALE
ÇÖL
DENIZ

46 - Tuin

T	R	A	M	B	O	L	İ	N	H	G	Y	P	T	B
I	A	D	B	Z	O	G	E	D	A	A	P	I	O	F
Ç	L	O	I	H	H	G	Z	F	M	R	Y	F	P	I
F	T	A	M	M	K	U	Q	T	A	A	V	O	R	O
L	O	Ğ	Ç	L	U	H	O	Y	K	J	G	L	A	V
G	C	A	Z	F	M	T	C	Y	H	V	R	G	K	K
M	U	Ç	E	D	V	E	R	A	N	D	A	U	C	P
A	S	M	A	T	D	L	V	O	T	I	R	M	I	K
O	F	K	G	E	I	Ö	V	Y	H	Ç	J	J	N	N
F	R	H	G	R	D	G	J	C	B	I	L	C	J	A
F	H	M	B	A	B	A	H	Ç	E	M	N	C	P	B
M	J	D	O	S	Q	Q	M	Q	C	E	J	I	O	Q
F	E	Q	T	U	D	C	U	B	J	N	E	F	C	M
Ç	I	Ç	E	K	E	R	Ü	K	F	T	Z	S	E	S
A	U	A	G	V	R	H	O	B	V	Z	Q	F	C	T

BANK
ÇIÇEK
TOPRAK
AĞAÇ
GARAJ
ÇIMEN
HAMAK
TIRMIK
ÇIT
OTLAR
KÜREK
HORTUM
ÇALI
TERAS
TRAMBOLİN
BAHÇE
VERANDA
GÖLET
ASMA

47 - Beroepen #2

P	J	I	N	D	S	S	V	D	D	U	D	T	H	F
I	D	F	O	Z	O	L	İ	F	I	R	K	C	U	O
S	K	C	R	Y	H	K	F	Y	Ş	E	A	B	L	T
U	I	I	J	V	L	I	T	U	Ç	S	K	A	P	O
M	M	D	D	K	B	D	F	O	I	S	M	H	A	Ğ
H	T	O	N	O	R	T	S	A	R	A	B	Ç	K	R
N	E	M	T	E	R	Ğ	Ö	L	M	M	İ	I	K	A
Q	K	S	L	F	H	S	Z	B	V	P	Y	V	Ü	F
H	R	G	O	B	B	Ü	B	A	D	K	O	A	T	Ç
A	R	A	Ş	T	I	R	M	A	C	I	L	N	Ü	I
R	E	B	P	O	Ç	I	F	T	Ç	I	O	F	P	M
R	Z	D	V	L	Q	E	Z	D	L	C	G	I	H	U
E	I	Q	Q	İ	D	E	D	E	K	T	İ	F	A	C
C	Ç	L	I	P	G	A	Z	E	T	E	C	I	N	I
D	İ	L	B	İ	L	İ	M	C	İ	G	C	A	E	T

DOKTOR
ASTRONOT
KÜTÜPHANE
BİYOLOG
ÇIFTÇI
CERRAH
DEDEKTİF
FİLOZOF
FOTOĞRAFÇI
ÇIZER
MÜHENDIS
GAZETECI
ÖĞRETMEN
DİLBİLİMCİ
ARAŞTIRMACI
PİLOT
RESSAM
DIŞÇI
BAHÇIVAN
MUCIT

48 - Dagen en Maanden

D	I	T	H	L	P	E	R	Ş	E	M	B	E	K	U
Q	L	T	R	O	C	Y	B	N	J	P	A	C	M	A
T	A	K	V	I	M	I	S	E	T	R	A	Z	A	P
R	S	D	M	D	S	L	Ş	L	N	P	T	O	B	S
A	M	U	C	Z	R	E	P	U	C	E	F	C	M	F
M	I	S	A	K	K	B	T	U	B	K	A	A	A	F
D	K	U	G	Z	E	E	E	R	O	A	H	K	Ş	O
T	E	M	M	U	Z	S	K	J	A	O	T	T	R	Q
P	A	Z	A	R	A	Q	S	A	I	M	P	E	A	H
E	U	F	B	Z	I	L	Q	L	G	P	U	E	Ç	A
M	Y	M	B	V	U	K	S	Y	C	O	A	C	C	Z
L	I	L	U	M	C	K	E	O	N	D	A	Y	S	I
Q	K	Y	Ü	Y	B	H	U	E	L	F	H	N	Z	R
R	G	Y	Y	L	O	A	Ğ	U	S	T	O	S	Y	A
L	B	U	K	T	M	J	M	E	R	U	I	C	U	N

AĞUSTOS
SALI
PERŞEMBE
ŞUBAT
YIL
OCAK
TEMMUZ
HAZIRAN
TAKVIM
AY
PAZARTESI
MART
KASIM
EKIM
EYLÜL
CUMA
HAFTA
ÇARŞAMBA
CUMARTESI
PAZAR

49 - Mode

P	E	I	E	I	J	U	T	Z	P	C	G	R	L	N
Ö	R	R	A	H	A	T	O	I	R	K	K	G	N	T
L	L	A	Y	B	D	I	Q	S	K	N	F	B	A	L
J	I	Ç	T	S	İ	L	A	M	İ	N	İ	M	K	V
B	S	K	Ü	I	Z	A	V	E	T	Ü	M	I	I	J
M	A	C	D	M	K	H	Z	I	U	B	G	K	Ş	A
A	G	S	S	Z	R	A	T	S	B	R	O	A	A	M
Q	L	Y	H	A	Y	P	O	K	Q	Y	O	K	M	U
P	Q	P	G	R	D	L	R	U	S	O	D	E	U	Y
B	B	P	B	I	O	E	I	A	T	R	G	P	K	J
O	P	Y	O	F	I	T	S	U	B	D	J	L	U	E
H	A	I	N	Q	U	N	K	E	Q	U	C	E	K	C
D	Ü	Ğ	M	E	V	A	A	K	N	R	E	D	O	M
N	S	Y	B	O	C	D	A	A	I	O	K	A	D	H
Q	Q	O	S	K	S	D	D	A	V	K	R	S	J	B

ÖLÇÜM
MÜTEVAZI
NAKIŞ
RAHAT
PAHALI
ZARIF
DANTEL
DÜĞME
MİNİMALİST
MODERN
ASIL
DESEN
PRATIK
TARZ
KUMAŞ
DOKU
AKIM
BUTİK

50 - Tuinieren

G	H	Y	A	P	R	A	K	E	Ç	İ	Ç	N	M	D
C	O	K	P	Q	I	J	E	E	G	F	G	R	U	O
J	R	N	N	I	K	P	P	F	R	D	E	Q	K	P
Y	T	E	K	U	B	S	K	V	M	H	G	B	O	Y
F	U	L	Ç	S	T	R	S	Z	K	U	Z	Q	N	E
Y	M	H	M	H	Q	U	K	Y	İ	G	O	A	T	N
Z	U	K	F	G	A	I	İ	O	L	V	T	R	E	I
V	H	P	K	Q	O	B	L	N	M	B	I	T	Y	L
A	O	O	K	Y	B	M	L	E	İ	P	K	D	N	E
T	T	D	T	B	I	G	İ	M	S	P	O	Q	E	B
K	O	V	B	P	K	Q	Ş	N	V	Y	M	S	R	I
T	N	P	Z	J	L	O	E	T	E	Q	V	P	T	L
Z	A	R	R	E	I	U	Y	I	M	G	R	H	U	I
D	Y	J	P	A	M	Q	Y	E	Y	A	U	F	A	R
M	P	G	J	M	K	İ	N	A	T	O	B	M	R	J

YAPRAK
ÇİÇEK
TOPRAK
BUKET
BAHÇE
BOTANİK
KOMPOST
KONTEYNER
YENILEBILIR
EGZOTIK
YEŞİLLİK
IKLIM
MEVSİMLİK
HORTUM
NEM
KIR
SU
TOHUM

51 - Menselijk Lichaam

M	P	R	B	S	R	M	F	T	Z	O	G	Ö	Z	M
F	D	P	L	A	K	A	L	U	K	C	T	G	E	A
A	I	N	Q	R	C	B	E	Y	I	N	N	T	N	L
Y	L	Y	F	K	A	A	P	A	R	M	A	K	E	T
A	M	M	K	J	I	N	K	E	M	O	S	F	Ç	H
K	A	U	N	B	M	I	D	E	O	Q	U	Y	B	S
B	R	T	A	I	U	E	H	U	I	Y	J	N	A	S
I	Y	Y	A	I	A	R	G	A	C	I	B	N	Ş	D
L	M	H	Q	U	A	L	U	S	V	H	U	U	T	E
E	C	I	L	T	L	C	Z	N	U	Y	O	B	C	I
Ğ	J	D	I	Z	H	J	N	A	N	U	O	O	F	I
I	T	O	B	I	H	Z	U	K	D	R	L	M	C	A
I	F	I	P	Ğ	D	I	R	S	E	K	I	U	O	O
J	N	D	V	A	E	A	A	O	U	B	C	Z	P	P
A	M	Z	M	L	E	J	F	R	U	T	P	K	C	Q

BACAK
KAN
DIRSEK
AYAK BILEĞI
EL
KALP
BEYIN
BAŞ
CILT
ÇENE
DIZ
MIDE
AĞIZ
BOYUN
BURUN
GÖZ
KULAK
OMUZ
DIL
PARMAK

52 - Energie

K	R	Ü	Z	G	A	R	C	M	G	Y	D	K	K	B
Q	I	E	L	E	K	T	R	İ	K	P	B	A	I	T
F	S	R	E	E	L	K	Ü	N	R	S	M	R	J	R
B	I	Y	L	H	Y	N	I	U	R	Z	S	B	Z	İ
Q	T	U	A	I	H	U	Y	R	I	P	Y	O	L	L
C	N	I	M	D	L	Y	K	L	J	K	I	N	H	İ
B	E	N	Z	İ	N	I	A	S	C	Y	F	L	K	B
Ç	J	S	I	E	G	O	K	N	İ	B	R	Ü	T	E
E	O	E	H	U	Q	E	Z	O	I	S	V	K	Q	N
V	R	N	O	I	T	D	I	R	T	S	Ü	D	N	E
R	D	T	V	Y	A	K	I	T	O	Z	A	M	K	L
E	İ	R	G	Y	O	G	J	K	P	T	V	Q	H	İ
J	H	O	B	U	H	A	R	E	U	J	O	I	Q	N
C	N	P	R	F	K	G	M	L	S	N	N	M	V	E
F	Q	İ	H	R	C	U	F	E	F	O	T	O	N	Y

PIL
BENZİN
YAKIT
MAZOT
ELEKTRİK
ELEKTRON
ENTROPİ
FOTON
YENİLENEBİLİR
ENDÜSTRI

KARBON
MOTOR
NÜKLEER
ÇEVRE
BUHAR
TÜRBİN
KIRLILIK
ISI
HİDROJEN
RÜZGAR

53 - Familie

T	B	F	R	L	Z	Z	B	D	Z	Y	E	Ğ	E	N
U	V	L	J	O	F	J	P	S	P	V	B	Ç	N	U
I	D	Y	O	K	Z	A	O	S	L	N	Ü	O	N	R
Ç	O	C	U	K	L	A	R	V	C	U	Y	C	A	O
İ	K	İ	Z	L	E	R	C	D	Q	R	Ü	U	Ş	T
C	F	C	L	Y	Z	J	A	M	E	O	K	K	E	R
L	E	G	Q	E	Y	O	A	B	A	T	A	L	D	C
M	O	L	K	Ş	E	N	I	D	A	K	N	U	R	D
C	R	Q	F	G	T	V	R	D	R	E	N	K	A	Q
Q	Z	A	V	F	K	Ç	O	C	U	K	E	S	K	T
A	B	A	B	K	Ü	Y	Ü	B	N	R	T	F	K	K
N	T	B	V	N	E	Ğ	E	Y	K	E	K	R	E	O
G	Z	A	K	I	Z	E	V	L	A	T	A	S	K	C
J	S	B	K	I	Z	K	A	R	D	E	Ş	B	R	A
Z	L	H	P	Q	K	Y	T	V	A	A	J	F	E	J

ERKEK KARDEŞ
KIZ EVLAT
BÜYÜKANNE
ÇOCUKLUK
ÇOCUK
ÇOCUKLAR
TORUN
ERKEK TORUN
KOCA
ANNE
ERKEK YEĞEN
YEĞEN
AMCA
BÜYÜK BABA
TEYZE
İKİZLER
BABA
ATA
KADIN EŞ
KIZ KARDEŞ

54 - Gebouwen

Z	Ü	Q	S	P	O	I	R	K	D	M	H	N	L	S
S	B	N	K	V	K	Z	I	V	F	O	J	S	S	İ
R	B	I	I	M	U	Y	D	A	T	S	Y	S	D	N
K	A	L	E	V	L	B	A	G	M	U	I	S	K	E
I	Y	Q	M	J	E	F	Ç	I	O	T	E	A	M	M
L	D	P	T	E	K	R	A	M	R	E	P	Ü	S	A
T	N	S	C	Z	U	I	S	B	O	R	B	D	V	L
F	I	C	U	Ü	Y	H	H	I	R	K	A	B	İ	N
I	A	O	F	M	M	A	C	C	T	I	M	Q	Z	H
Ç	E	L	Ç	İ	L	İ	K	G	A	E	K	J	G	A
K	P	M	V	S	S	T	A	G	Y	E	C	A	M	S
F	V	K	K	E	I	U	E	D	İ	I	Z	O	N	T
S	F	L	U	H	K	N	L	G	T	H	D	D	P	A
O	T	E	L	L	A	P	A	R	T	M	A	N	J	N
Y	P	N	I	P	E	N	A	H	T	A	S	A	R	E

ELÇİLİK
APARTMAN
SİNEMA
ÇIFTLIK
KABİN
FABRIKA
OTEL
KALE
MÜZE
RASATHANE
OKUL
AHIR
STADYUM
SÜPERMARKET
ÇADIR
TİYATRO
KULE
ÜNIVERSITE
HASTANE

55 - Beroepen #1

B	Ü	Y	Ü	K	E	L	Ç	İ	Q	Z	J	S	P	G
G	P	T	M	O	J	F	V	L	A	L	Q	J	G	K
N	C	R	K	J	J	U	K	D	Z	G	N	G	D	D
N	E	Y	S	İ	Z	Ü	M	O	N	O	R	T	S	A
U	I	U	C	M	U	Y	U	K	F	L	N	D	R	C
I	C	A	T	I	R	A	H	T	E	L	T	A	A	N
C	V	P	E	J	M	B	S	O	D	A	N	S	Ç	I
A	A	İ	S	H	E	E	O	R	Ö	T	İ	D	E	C
K	G	Y	I	V	G	O	L	O	K	İ	S	P	R	E
N	L	A	S	A	K	B	L	K	D	Y	S	Q	I	Y
A	M	N	A	M	P	S	E	O	A	P	I	C	Ş	I
B	E	İ	T	A	K	U	V	A	G	Q	D	N	M	A
D	P	S	Ç	V	E	T	E	R	İ	N	E	R	E	F
R	S	T	I	C	A	Z	C	E	V	L	B	E	H	T
L	N	Q	C	Q	G	N	Q	O	P	E	T	D	V	I

AVUKAT
BÜYÜKELÇİ
ECZACI
ASTRONOM
ATLET
BANKACI
ITFAIYECI
HARITACI
DANSÇI
VETERİNER
DOKTOR
EDİTÖR
JEOLOG
AVCI
KUYUMCU
TESISATÇI
MÜZİSYEN
PİYANİST
PSİKOLOG
HEMŞIRE

56 - Antarctica

L	V	K	J	Y	B	Y	O	K	V	I	D	V	G	Q
R	U	V	J	B	U	P	A	M	U	R	O	K	S	U
G	U	G	M	U	L	H	S	R	A	L	A	D	A	C
Y	Q	H	V	Z	U	U	F	A	I	T	N	A	U	O
B	H	L	I	U	T	L	F	P	F	M	U	F	Q	Ğ
C	N	Y	O	L	L	T	M	L	E	U	A	P	Q	R
O	B	T	Z	L	A	K	E	V	N	N	F	D	D	A
K	I	T	A	A	R	A	N	Q	Ç	Ö	G	U	A	F
K	T	N	L	R	E	F	E	S	O	N	Z	U	B	Y
G	A	A	R	A	Ş	T	I	R	M	A	C	I	E	A
T	B	Y	M	İ	N	E	R	A	L	L	E	R	Ç	N
J	R	D	A	S	I	C	A	K	L	I	K	B	E	N
D	B	B	D	L	E	S	M	I	L	I	B	R	V	E
A	K	Q	I	I	I	D	P	U	S	G	Y	J	R	Y
L	O	D	U	H	Z	K	P	R	G	T	O	H	E	Y

KOY
KORUMA
KITA
ADALAR
SEFER
COĞRAFYA
BUZULLAR
BUZ
GÖÇ
MİNERALLER
ÇEVRE
ARAŞTIRMACI
PENGUEN
KAYALIK
YARIMADA
SICAKLIK
SU
BILIMSEL
BULUTLAR

57 - Ballet

K	O	R	E	O	G	R	A	F	İ	H	B	L	I	R
T	H	A	V	B	D	S	O	R	K	E	S	T	R	A
S	O	L	O	E	A	A	E	T	R	D	Q	Z	E	V
E	L	H	A	S	N	M	S	Y	E	Y	L	A	C	O
J	Y	V	Z	T	S	T	J	M	I	K	H	I	E	R
L	V	S	B	E	Ç	K	C	Ü	B	R	N	Z	B	P
S	Z	K	S	C	I	K	Y	Z	T	K	C	İ	N	Q
S	R	I	F	I	L	A	Ş	I	K	L	A	I	K	G
G	A	V	İ	J	A	S	F	K	P	D	H	L	G	K
D	T	N	R	M	R	L	I	U	R	N	A	M	R	U
Z	A	J	A	İ	J	A	K	J	Z	U	V	A	Q	A
S	J	G	Z	T	V	R	P	N	İ	R	E	L	A	B
M	K	B	O	İ	S	O	Z	Z	Z	V	H	N	K	P
U	U	G	P	R	U	A	R	B	J	O	Q	A	F	M
T	V	T	D	H	K	U	L	N	U	Ğ	O	Y	D	T

ALKIŞ
SANATSAL
BALERİN
KOREOGRAFİ
BESTECI
DANSÇILAR
ANLAMLI
JEST
YOĞUNLUK
MÜZIK
ORKESTRA
SEYIRCI
PROVA
RİTİM
ZARİF
SOLO
KASLAR
TARZ
TEKNİK
BECERI

58 - Fruit

O	G	N	A	M	K	Z	R	Q	I	C	K	E	F	U
D	Z	U	M	H	K	I	S	I	Y	A	K	P	F	B
A	İ	V	İ	K	U	Y	R	İ	C	N	İ	P	Y	P
K	V	A	M	L	E	D	R	A	Y	A	P	A	P	V
O	B	K	Ü	Q	H	F	U	I	Z	R	L	O	J	O
V	M	B	Z	C	R	Q	O	D	F	M	F	V	O	U
A	D	E	Ü	I	I	G	Q	R	U	U	E	D	F	E
Y	O	G	F	L	G	O	V	Q	Y	T	R	R	P	E
L	L	D	N	I	D	U	T	U	N	L	T	L	I	U
O	S	S	V	G	I	C	K	V	T	N	J	J	Z	K
B	L	H	E	U	V	N	O	M	İ	L	S	Y	M	A
V	T	R	B	F	F	U	R	H	E	V	E	E	T	D
N	E	K	T	A	R	R	D	M	A	N	A	N	A	S
R	M	M	V	H	D	U	B	O	Z	T	J	M	F	Q
V	R	R	I	L	A	T	F	E	Ş	S	M	A	D	K

KAYISI
ANANAS
ELMA
AVOKADO
MUZ
DUT
LİMON
ÜZÜM
AHUDUDU
KIRAZ
KİVİ
MANGO
KAVUN
NEKTAR
TURUNCU
PAPAYA
ARMUT
ŞEFTALI
ERİK
İNCİR

59 - Engineering

D	Y	A	P	I	J	R	E	N	E	M	T	D	Q	K
A	İ	V	U	T	S	H	E	S	A	P	L	A	M	A
A	Ç	Y	S	Ü	R	T	Ü	N	M	E	Q	D	B	M
K	K	I	A	J	E	G	U	M	Y	Q	S	F	O	K
J	J	I	L	G	R	Q	I	A	Ü	D	K	Y	Y	U
U	T	C	M	M	R	G	G	Z	G	Ç	C	R	U	V
S	I	V	I	Q	O	A	P	O	A	Y	L	Q	T	V
Y	J	Y	D	K	T	R	M	T	D	Z	G	Ö	L	E
P	I	A	E	N	O	Y	S	A	T	O	R	N	A	T
Ç	A	P	R	O	M	I	T	I	Ğ	A	D	P	R	E
V	C	D	I	J	E	B	Q	E	N	İ	K	A	M	K
P	H	Q	N	Q	F	N	M	K	Q	Z	U	G	Y	E
D	K	A	L	P	L	O	F	S	Z	M	L	O	E	R
N	M	O	I	I	I	L	S	E	S	E	B	A	T	A
Z	C	Q	K	K	M	Y	K	N	I	K	I	G	N	H

EKSEN
HESAPLAMA
HAREKET
DİYAGRAM
ÇAP
DERINLIK
MAZOT
BOYUTLAR
DAĞITIM
ENERJI
AÇI
KUVVET
MAKİNE
ÖLÇÜM
MOTOR
ROTASYON
SEBAT
YAPI
SIVI
SÜRTÜNME

60 - Literatuur

A	E	I	A	S	F	I	V	Ş	D	Q	Z	B	D	P
N	Y	Z	E	Y	Z	Z	B	M	İ	T	İ	R	G	S
L	R	S	İ	F	A	R	G	O	Y	İ	B	B	T	Q
A	S	C	S	D	A	M	L	V	R	B	R	R	İ	İ
T	H	E	O	D	İ	Y	A	L	O	G	V	S	D	J
I	E	J	N	A	M	O	R	R	A	I	G	T	E	O
C	M	B	U	Z	T	O	D	K	E	N	A	E	J	L
I	J	S	Ç	G	A	Ş	I	I	R	Y	Z	M	A	A
E	J	T	E	F	R	M	O	C	A	H	I	A	R	N
O	C	H	N	F	Z	U	Y	A	Z	T	L	F	T	A
J	P	C	B	U	H	S	K	Q	A	Q	A	R	A	C
O	Z	R	L	Z	E	Z	Y	R	Y	J	N	B	S	K
H	Q	N	L	R	E	Q	E	P	G	Z	A	C	E	M
V	G	Ö	R	Ü	Ş	I	B	V	C	D	M	H	M	Z
K	A	R	Ş	I	L	A	Ş	T	I	R	M	A	F	G

ANALOJİ
ANALIZ
ANEKDOT
YAZAR
BİYOGRAFİ
SONUÇ
DİYALOG
KURGU
ŞIIR
GÖRÜŞ
MECAZ
ŞİIRSEL
KAFIYE
RİTİM
ROMAN
TARZ
TEMA
TRAJEDİ
KARŞILAŞTIRMA
ANLATICI

61 - Technologie

G	Ü	V	E	N	L	I	K	U	T	N	G	D	J	B
K	İ	D	İ	N	T	E	R	N	E	T	T	B	K	I
U	A	S	İ	E	L	G	G	E	M	Z	Y	H	P	L
P	M	M	T	J	H	N	R	U	T	A	Y	H	F	G
I	R	P	E	A	İ	S	L	S	I	A	T	L	C	I
T	I	C	D	R	T	T	D	C	K	M	O	E	K	S
B	T	J	I	G	A	İ	A	I	R	E	V	K	I	A
T	Ş	N	C	O	J	Z	S	L	Q	S	O	R	K	Y
Y	A	Z	I	L	I	M	Ü	T	L	A	N	A	S	A
E	R	R	Y	B	D	J	R	C	İ	J	Z	N	M	R
K	A	G	A	V	O	N	İ	D	B	K	E	H	F	Q
E	D	E	R	J	S	O	V	I	L	J	C	F	E	D
F	N	I	A	R	Y	J	Q	J	T	Z	Y	J	P	N
Z	J	M	T	Y	A	B	D	Q	C	G	P	L	C	S
İ	M	L	E	Ç	C	H	R	B	J	Q	A	A	K	B

MESAJ
DOSYA
BLOG
TARAYICI
BAYT
KAMERA
BILGISAYAR
İMLEÇ
DİJİTAL
VERI
İNTERNET
ARAŞTIRMA
EKRAN
YAZILIM
İSTATİSTİK
GÜVENLIK
SANAL
VİRÜS

62 - Boeken

G	I	I	D	Y	A	V	A	A	Q	V	V	J	U	K
D	V	L	K	I	N	U	H	V	O	N	L	H	G	O
A	N	L	F	Y	A	Z	I	L	I	G	C	K	Y	L
T	A	R	İ	H	M	R	O	K	U	Y	U	C	U	E
Ö	T	B	A	J	O	İ	T	Y	V	C	S	C	Y	K
Y	S	A	R	Z	R	E	Z	T	O	A	A	P	A	S
K	E	Ğ	E	T	A	R	U	A	N	U	Y	E	R	I
Ü	D	L	C	K	U	Y	C	İ	H	J	F	D	A	Y
C	Q	A	A	V	A	B	V	K	V	İ	A	E	T	O
D	M	M	M	T	S	K	O	İ	Y	B	K	B	I	N
K	A	R	A	K	T	E	R	L	V	G	Z	Î	C	J
B	K	İ	L	G	İ	L	İ	İ	Q	N	M	O	I	L
Ş	I	I	R	S	A	T	F	K	İ	J	A	R	T	T
P	S	I	Q	A	N	L	A	T	I	C	I	J	Y	I
O	I	O	Z	B	O	E	L	T	T	R	B	V	Z	Z

YAZAR
MACERA
SAYFA
KOLEKSIYON
BAĞLAM
İKİLİK
DESTAN
YAZILI
TARİH
MİZAHİ
YARATICI
KARAKTER
OKUYUCU
EDEBÎ
ŞIIR
İLGİLİ
ROMAN
TRAJİK
ÖYKÜ
ANLATICI

63 - Meer Informatie

U	F	I	O	Y	R	A	N	E	S	J	O	R	J	S
B	L	F	U	K	I	T	S	I	R	Ü	T	Ü	F	D
H	A	Y	A	L	İ	E	B	B	Y	J	J	G	B	K
Z	Y	Q	M	L	D	Ş	H	Z	N	C	A	I	K	L
V	F	B	A	G	E	R	Ç	E	K	Ç	İ	Z	I	O
U	N	Q	S	U	I	J	O	L	O	N	K	E	T	N
P	A	T	L	A	M	A	O	D	J	Q	İ	M	S	L
E	L	H	I	Ü	T	O	P	Y	A	D	T	L	A	A
Z	T	E	N	A	H	E	K	M	C	Ü	A	I	T	R
K	M	H	A	L	K	S	G	B	U	N	P	R	N	U
U	U	S	Y	T	E	F	İ	Ö	Q	Y	L	I	A	E
R	O	B	O	T	L	A	R	N	K	A	A	Ş	F	S
G	E	Z	E	G	E	N	R	O	E	A	R	A	M	A
T	B	Z	O	N	Q	B	O	Z	P	M	D	I	P	Q
C	M	A	B	T	M	G	Q	H	Y	Y	A	A	B	S

SİNEMA
KİTAPLAR
ATEŞ
HAYALİ
PATLAMA
AŞIRI
FANTASTIK
FÜTÜRISTIK
YANILSAMA
KLONLAR
GIZEMLI
KEHANET
GEZEGEN
GERÇEKÇİ
ROBOTLAR
SENARYO
GÖKADA
TEKNOLOJI
ÜTOPYA
DÜNYA

64 - Haartypes

P	M	L	S	U	N	Ö	G	K	U	R	U	E	O	N
G	A	K	E	L	S	R	Ü	J	H	U	U	Z	U	N
O	S	R	İ	U	S	G	M	H	B	N	F	Z	C	G
O	I	B	L	H	Q	Ü	Ü	Y	L	L	R	L	D	U
R	K	Z	K	A	A	L	Ş	C	V	H	K	V	K	D
B	A	C	N	V	K	Ü	E	H	O	P	A	H	R	Ü
E	Ş	R	E	S	A	Ğ	L	I	K	L	I	Y	I	Z
Y	U	K	R	K	A	H	V	E	R	E	N	G	I	R
A	M	K	L	I	I	I	N	C	E	U	I	V	L	S
Z	U	G	H	C	E	Y	Q	N	J	N	Ş	N	A	M
A	Y	R	M	R	F	S	Q	R	S	O	I	C	G	Q
H	L	İ	Z	I	T	H	I	T	K	F	R	L	L	N
V	I	J	P	V	Y	O	N	G	Z	T	A	S	A	E
H	L	I	A	I	G	K	R	E	U	H	S	Y	D	K
L	Z	M	P	K	I	N	U	Z	S	V	A	T	R	P

SARIŞIN
KAHVERENGI
KALIN
KURU
INCE
RENKLİ
ÖRGÜLÜ
SAĞLIKLI
DÜZ
PARLAK
DALGALI
GRİ
KEL
KISA
KIVIRCIK
UZUN
BEYAZ
YUMUŞAK
GÜMÜŞ
SIYAH

65 - Stad

R	A	Z	A	P	D	K	U	F	N	Y	Z	Q	J	H
B	E	Z	F	I	S	N	Ü	S	C	N	P	V	P	S
A	N	S	F	I	R	I	N	T	N	H	V	S	K	T
N	A	T	T	U	Q	Z	N	R	Ü	O	T	E	L	A
K	Z	K	O	O	I	J	I	C	C	P	M	I	U	D
A	C	D	U	P	R	Y	Q	R	C	T	H	N	K	Y
K	E	U	Y	T	E	A	M	E	N	İ	S	A	O	U
L	D	J	I	V	İ	P	N	M	Ü	Z	E	M	N	M
İ	R	E	L	A	G	Y	C	B	N	R	E	İ	V	E
N	A	K	Y	N	A	Z	A	Ğ	A	M	C	L	Q	C
İ	Ç	İ	Ç	E	K	Ç	İ	T	D	C	Q	A	O	A
K	K	İ	T	A	P	Ç	I	I	R	I	V	V	R	E
Ü	N	I	V	E	R	S	I	T	E	O	J	A	P	A
S	Ü	P	E	R	M	A	R	K	E	T	A	H	O	U
G	N	N	D	Y	E	K	Y	R	A	S	O	M	A	D

ECZANE
FIRIN
BANKA
KÜTÜPHANE
SİNEMA
ÇİÇEKÇİ
KİTAPÇI
GALERİ
OTEL
KLİNİK
HAVALİMANI
PAZAR
MÜZE
RESTORAN
OKUL
STADYUM
SÜPERMARKET
TİYATRO
ÜNIVERSITE
MAĞAZA

66 - Natuur

T	L	H	R	V	E	D	C	L	L	L	O	T	E	V
Q	V	L	U	V	D	Q	A	I	K	D	R	O	R	A
B	U	L	U	T	L	A	R	Ğ	I	H	M	K	O	H
M	R	Q	U	E	C	C	Y	E	L	A	A	A	Z	Ş
K	Z	T	Ç	Ö	L	L	E	S	L	A	N	T	Y	İ
C	V	U	S	K	F	H	Ş	P	E	I	R	R	O	T
M	Y	T	U	I	I	H	İ	C	Z	L	A	O	N	A
J	R	N	L	T	A	V	L	D	Ü	B	L	P	U	Y
U	Y	T	J	K	K	O	L	B	G	U	R	İ	O	A
N	E	H	I	R	S	V	İ	E	L	L	A	K	Z	H
P	G	Y	Q	A	İ	A	K	B	C	R	C	A	R	K
T	V	N	M	D	S	T	K	L	U	U	U	L	A	S
D	İ	N	A	M	İ	K	O	İ	O	Z	V	U	T	R
H	A	Y	V	A	N	L	A	R	N	U	U	E	U	V
O	B	K	B	A	R	I	N	A	K	H	L	L	D	Y

ARKTIK
DAĞLAR
ARLAR
ORMAN
HAYVANLAR
DİNAMİK
EROZYON
YEŞİLLİK
BUZUL
BARINAK
SİS
NEHIR
HUZURLU
GÜZELLIK
SAKİN
TROPİKAL
HAYATİ
VAHŞİ
ÇÖL
BULUTLAR

67 - Zoogdieren

Y	L	B	K	T	T	T	İ	L	K	İ	G	K	O	B
B	N	I	O	A	R	A	G	I	M	K	G	U	R	E
Y	U	N	U	S	N	L	V	F	G	L	O	R	N	Q
B	A	L	I	N	A	G	P	Ş	N	R	R	T	K	B
Y	P	A	E	T	L	T	U	D	A	M	İ	B	Ö	Q
V	U	K	M	N	S	R	Y	R	V	N	L	K	P	Z
L	I	A	A	F	A	R	Ü	Z	U	Z	O	E	E	Y
S	U	Ç	Y	K	B	O	Ğ	A	N	S	R	D	K	Q
B	V	K	M	A	E	S	Y	Y	R	S	D	İ	T	V
Y	P	J	U	H	C	K	B	Y	B	L	U	I	H	M
Q	B	E	N	T	O	H	V	P	A	Z	K	O	M	K
A	Z	L	Ş	V	K	H	L	Q	T	H	S	U	P	F
U	Q	O	R	E	V	E	D	N	N	T	S	H	Y	U
K	E	Ç	I	C	K	K	U	N	D	U	Z	Q	G	P
N	G	K	D	A	B	N	T	Y	I	Z	M	P	Z	Z

MAYMUN
KUNDUZ
ÇAKAL
YUNUS
EŞEK
KEÇI
ZÜRAFA
GORİL
KÖPEK
DEVE
KANGURU
KEDİ
TAVŞAN
ASLAN
FIL
AT
BOĞA
TİLKİ
BALINA
KURT

68 - Overheid

L	H	J	L	N	Q	F	I	Ö	J	V	E	O	I	R
A	S	A	Y	A	N	A	E	Z	A	K	Y	B	R	S
A	D	A	K	B	P	R	D	G	D	E	Z	L	M	N
D	E	O	M	L	Y	V	E	Ü	A	Q	Q	T	Z	V
L	V	V	R	Ş	A	S	M	R	L	A	S	U	L	U
İ	L	H	I	V	I	R	O	L	E	M	U	E	O	D
J	E	R	H	I	I	T	K	Ü	T	Ş	L	Ş	B	S
I	T	K	A	N	U	N	R	K	Z	U	U	I	M	İ
S	I	V	I	L	U	E	A	A	G	N	U	T	E	Y
C	N	B	Ö	L	G	E	S	T	T	O	K	L	S	A
C	A	O	Q	R	E	D	İ	L	C	K	S	I	Q	S
V	A	T	A	N	D	A	Ş	L	I	K	O	K	A	E
M	O	L	D	A	J	J	E	U	H	R	C	L	F	T
V	Z	O	Z	F	I	J	T	Y	Y	H	T	S	C	R
Q	P	E	Z	G	V	K	V	K	B	J	C	A	E	Q

VATANDAŞLIK
SIVIL
DEMOKRASİ
TARTIŞMA
EŞITLIK
ADLİ
ADALET
ANAYASA
LİDER
ANIT
ULUS
ULUSAL
SİYASET
HAKLAR
DEVLET
SEMBOL
KONUŞMA
ÖZGÜRLÜK
KANUN
BÖLGE

69 - Voertuigen

G	T	O	B	B	T	T	N	A	H	N	R	N	P	F
T	O	R	D	D	R	L	O	Y	E	R	R	J	D	K
E	B	O	A	B	E	L	Y	V	L	Y	O	O	I	C
P	İ	T	A	K	N	S	M	V	İ	S	K	A	T	Z
N	R	O	B	N	T	M	A	H	K	A	Ç	U	L	U
H	E	M	I	U	E	Ö	K	L	O	H	T	F	A	G
F	F	S	K	U	K	S	R	V	P	F	O	I	Z	P
D	N	N	F	R	O	C	O	E	T	M	O	P	İ	T
K	Q	K	T	O	R	H	M	J	E	S	L	L	N	O
T	E	L	K	I	S	I	B	M	R	L	Y	I	E	K
G	Z	R	E	L	K	İ	T	S	A	L	S	E	D	F
P	J	F	V	Y	Z	S	S	Ü	B	O	T	O	F	K
D	Z	S	N	A	L	U	B	M	A	M	E	T	R	O
E	O	U	A	R	N	A	I	H	R	N	I	H	P	F
A	C	M	V	S	T	E	B	Y	A	R	Y	K	Y	U

AMBULANS
ARABA
LASTİKLER
VAN
BOT
OTOBÜS
KERVAN
BISIKLET
HELİKOPTER
METRO
MOTOR
DENİZALTI
ROKET
TAKSİ
TRAKTÖR
TREN
FERİBOT
UÇAK
SAL
KAMYON

70 - Geografie

O	R	Ü	Q	U	C	H	Y	C	D	C	R	F	Y	M
D	S	L	K	U	Y	T	U	Q	A	T	İ	R	A	H
S	E	K	D	L	U	A	A	V	Ğ	I	C	Q	Z	D
E	C	E	G	L	Ö	B	R	H	I	H	R	J	R	Q
D	Ü	N	Y	A	Y	V	N	I	A	D	A	S	A	M
K	G	Ü	N	E	Y	H	E	P	M	N	M	K	T	E
M	I	O	R	Z	Y	S	H	V	L	K	Z	D	L	R
Q	C	T	I	A	H	A	I	F	B	Y	Ü	T	A	İ
S	U	N	A	Y	K	O	R	N	F	H	S	R	S	D
D	E	N	I	Z	P	I	T	A	B	E	P	A	E	Y
E	K	V	A	T	O	R	M	E	L	N	E	A	A	E
V	H	R	I	K	G	D	B	Y	Q	E	F	O	P	N
H	E	N	Y	E	Z	U	K	E	F	M	Y	S	C	N
E	A	N	S	N	Z	R	U	A	S	T	L	H	F	B
V	U	E	N	T	D	B	V	Y	C	D	Q	V	F	A

ATLAS
DAĞ
ENLEM
KITA
ADA
EKVATOR
YARIMKÜRE
RAKIM
HARİTA
ÜLKE
MERİDYEN
KUZEY
OKYANUS
BÖLGE
NEHIR
KENT
DÜNYA
BATI
DENIZ
GÜNEY

71 - Kunstbenodigdheden

G	L	L	Y	S	U	L	J	Ğ	K	F	D	Q	A	P
P	A	F	U	Q	G	R	A	L	A	Ç	R	I	F	M
A	S	Y	D	M	P	J	Y	M	L	Y	B	J	I	F
O	A	U	B	R	R	V	U	F	E	T	Z	A	Z	C
M	M	S	L	R	E	N	K	G	M	F	T	U	J	Q
H	A	N	D	U	K	S	R	E	L	R	İ	K	İ	F
P	E	R	K	L	B	J	A	E	E	H	G	Y	N	Z
K	A	M	E	R	A	O	Z	U	R	A	L	K	E	K
F	S	Q	L	C	A	R	Y	V	M	B	İ	I	I	İ
S	A	N	D	A	L	Y	E	A	Q	Z	S	C	Ş	L
Y	A	R	A	T	I	C	I	L	I	K	M	K	Ö	İ
M	Ü	R	E	K	K	E	P	S	A	Z	D	R	V	R
K	R	T	F	B	L	T	U	T	K	A	L	B	A	K
K	Â	Ğ	I	T	S	M	P	A	S	T	E	L	L	A
F	P	J	B	M	K	B	B	I	P	C	M	F	E	J

AKRİLİK
SULUBOYA
FIRÇALAR
KAMERA
YARATICILIK
ŞÖVALE
SİLGİ
FİKİRLER
MÜREKKEP
KIL
RENK
TUTKAL
YAĞ
KÂĞIT
PASTEL
KALEMLER
SANDALYE
MASA
SU

72 - Barbecues

B	Y	P	I	N	D	D	Ç	A	V	S	H	T	E	L
K	A	Ç	I	B	A	O	U	A	Y	A	Z	U	V	J
J	I	G	U	V	V	M	M	E	T	E	K	Z	A	F
Z	L	R	E	I	E	A	M	V	Y	A	V	Q	H	C
B	E	E	H	F	T	T	D	C	I	P	L	N	V	Z
A	Ç	L	I	K	S	E	U	K	U	K	C	L	U	E
S	S	E	U	A	L	S	Y	L	C	M	R	J	A	M
A	R	Z	A	D	Q	L	O	S	R	G	I	D	A	R
L	E	B	T	T	E	E	S	S	I	J	C	M	J	A
A	V	E	N	A	V	R	B	I	B	E	R	E	V	L
T	J	S	E	R	V	M	Ü	Z	I	K	S	Y	I	K
A	S	O	Ğ	A	N	U	Q	O	A	A	H	V	T	U
L	N	S	H	G	D	E	K	Y	E	C	H	E	F	C
A	Z	H	U	Z	Y	Z	U	D	F	I	H	H	P	O
R	B	V	A	I	I	T	L	H	Z	S	F	K	G	Ç

AILE
MEYVE
IZGARA
SEBZELER
SICAK
AÇLIK
ÇOCUKLAR
TAVUK
BIÇAK
MÜZIK
BIBER
SALATALAR
SOS
DOMATESLER
SOĞAN
DAVET
GIDA
ÇATALLAR
YAZ
TUZ

73 - Schoonheid

R	P	H	R	M	N	L	U	K	N	E	R	S	P	Q
N	V	A	C	C	J	H	Y	O	Y	D	S	D	N	K
A	Q	E	H	Q	E	B	I	Z	A	C	H	P	Ü	K
U	Y	K	F	I	D	Q	O	M	S	A	K	A	M	Z
P	B	N	Z	O	R	K	L	E	T	L	I	C	G	M
M	Q	R	A	L	Ğ	A	Y	T	İ	E	M	K	N	A
A	B	B	A	O	S	C	G	İ	L	J	M	H	E	K
Ş	L	L	H	T	R	P	E	K	İ	E	B	L	K	Y
F	V	R	Z	E	U	J	N	Z	S	B	T	C	O	A
L	Ü	T	U	F	I	R	A	Z	T	J	U	B	K	J
E	H	A	N	A	L	Z	O	A	R	Z	O	V	U	J
S	T	I	C	R	A	U	A	R	A	K	S	A	M	B
I	N	V	V	A	J	R	Y	A	U	R	V	J	P	F
G	D	U	M	Z	C	K	İ	N	E	J	O	T	O	F
U	H	Z	C	H	B	M	B	Q	T	C	J	Y	H	M

CAZIBE
KOZMETİK
ZARIF
ZARAFET
FOTOJENİK
LÜTUF
KOKU
DÜZ
CILT

RENK
RUJ
MASKARA
YAĞLAR
MAKAS
ŞAMPUAN
AYNA
STİLİST
MAKYAJ

74 - Wetenschappelijke Discip

F	İ	J	O	L	O	Y	Z	İ	F	İ	N	P	V	R
E	J	M	A	S	T	R	O	N	O	M	İ	V	İ	P
M	O	A	M	M	E	T	E	O	R	O	L	O	J	İ
İ	L	U	D	Ü	I	A	G	M	P	T	B	T	O	J
N	O	E	K	İ	N	A	K	E	M	A	O	E	L	O
E	E	K	K	E	L	O	E	F	J	N	T	R	O	L
R	J	B	P	O	U	G	L	O	D	A	A	M	E	O
A	A	Z	İ	F	L	L	L	O	S	Y	N	O	K	R
L	P	U	B	Y	G	O	V	P	J	M	İ	D	R	Ö
O	Z	T	R	U	O	J	J	Z	R	İ	K	İ	A	N
J	D	K	Z	S	Q	L	F	İ	P	K	N	N	Y	H
İ	J	O	L	O	Y	S	O	S	Z	O	E	A	M	I
R	O	B	O	T	I	K	M	J	H	Y	U	M	I	T
P	S	İ	K	O	L	O	J	İ	İ	İ	N	İ	K	M
E	K	M	E	M	N	E	L	S	E	B	C	K	M	U

ANATOMİ
ARKEOLOJİ
ASTRONOMİ
BİYOKİMYA
BİYOLOJİ
KIMYA
EKOLOJİ
FİZYOLOJİ
JEOLOJİ
İMMÜNOLOJİ

MEKANİK
METEOROLOJİ
MİNERALOJİ
NÖROLOJİ
BOTANİK
PSİKOLOJİ
ROBOTIK
SOSYOLOJİ
TERMODİNAMİK
BESLENME

75 - Bijvoeglijke Naamwoorden

P	Y	O	J	Y	U	Y	K	U	L	U	P	R	J	S
G	O	T	C	E	I	N	K	U	V	F	G	İ	S	O
Q	R	A	U	T	U	L	O	Z	I	I	F	Ş	Z	R
Z	G	N	R	E	T	U	Z	L	U	Z	U	H	N	U
L	U	T	U	N	E	K	T	E	R	Ü	F	A	S	M
A	N	I	F	E	B	U	D	C	M	Y	V	V	Ç	L
J	Ç	K	T	K	Y	A	R	A	T	I	C	I	B	U
D	R	I	J	L	A	Ğ	O	D	O	K	H	K	Y	C
H	R	L	K	I	Y	H	S	A	Ğ	L	I	K	L	I
U	Y	A	U	L	R	U	R	U	G	Y	E	N	I	N
B	K	D	M	N	A	S	E	R	E	T	N	E	J	J
A	I	A	Y	A	M	Y	E	Z	M	N	S	Y	U	C
G	Ü	Ç	L	Ü	T	A	I	N	O	R	M	A	L	E
G	M	C	U	C	R	İ	O	C	H	M	L	Z	A	E
Y	U	P	I	A	V	B	K	F	I	J	Y	F	D	E

OTANTIK
YETENEKLI
AÇIKLAYICI
YARATICI
DRAMATİK
SAĞLIKLI
AÇ
ENTERESAN
YORGUN
DOĞAL
YENI
NORMAL
ÜRETKEN
UYKULU
GÜÇLÜ
GURURLU
SORUMLU
VAHŞİ
TUZLU
SAF

76 - Kleding

E	B	F	G	E	B	Y	Z	B	S	B	N	Y	P	P
R	T	P	T	L	H	I	B	A	K	K	A	Y	A	U
V	I	G	Y	B	M	S	L	T	O	K	A	Z	A	K
V	Z	P	A	I	O	D	T	E	K	E	C	Z	K	E
A	Q	L	G	S	F	I	M	L	Z	Q	U	V	V	C
N	Y	G	A	E	A	J	N	A	O	I	D	P	P	B
M	B	L	U	Z	B	E	A	D	Y	S	K	E	T	E
G	O	G	L	Ö	R	E	L	N	E	V	I	D	L	E
E	K	D	R	N	E	Y	P	A	R	O	Ç	T	G	C
E	J	T	A	L	M	L	R	S	K	J	I	M	Ö	V
K	B	H	B	Ü	E	O	A	R	A	P	O	B	M	N
R	O	H	H	K	K	K	Ş	J	S	O	A	B	L	J
P	İ	J	A	M	A	O	E	C	M	U	B	Ş	E	S
J	C	P	A	N	T	O	L	O	N	M	F	A	K	S
H	J	K	T	D	A	L	N	J	Y	P	S	K	F	R

BILEZIK
BLUZ
PANTOLON
ELDIVENLER
ŞAPKA
CEKET
KOT
ELBISE
KOLYE
MODA

PİJAMA
KEMER
ETEK
SANDALET
AYAKKABI
ÖNLÜK
GÖMLEK
EŞARP
ÇORAP
KAZAK

77 - Vliegtuigen

Y	E	N	A	V	R	E	P	F	L	Y	H	I	N	M
O	A	F	A	R	Y	Q	Y	Z	S	A	A	G	K	Z
L	Y	Ü	K	S	E	K	L	I	K	K	V	G	B	E
C	B	Z	I	N	M	C	R	O	I	I	A	R	U	M
U	A	Ü	Q	E	S	J	A	Z	L	T	A	D	H	V
K	Ş	Y	J	J	J	E	H	M	I	R	A	S	A	T
A	L	K	M	O	T	O	R	T	Z	Y	Z	S	P	A
N	A	Ö	R	R	N	S	E	Ü	J	I	N	I	Ş	B
M	T	G	D	D	S	N	F	R	F	Q	O	Ö	K	E
B	M	F	F	İ	U	R	S	B	T	F	L	F	Y	T
Z	A	V	G	H	C	Q	O	Ü	I	A	A	Z	E	T
D	K	Y	C	A	R	F	M	L	Y	I	B	G	I	E
T	A	R	I	H	J	P	T	A	D	A	V	Y	Y	R
P	İ	L	O	T	T	Z	A	N	R	S	P	G	S	Ü
L	M	A	D	N	P	L	U	S	R	S	E	I	O	M

INIŞ
ATMOSFER
MACERA
BALON
MÜRETTEBAT
YAPI
YAKIT
TARIH
GÖKYÜZÜ
YÜKSEKLIK
BAŞLATMAK
HAVA
MOTOR
TASARIM
YOLCU
PİLOT
PERVANE
YÖN
TÜRBÜLANS
HİDROJEN

78 - Herbalisme

L	I	T	A	A	Y	E	Ş	I	L	K	D	M	B	S
E	Ç	S	J	P	N	D	M	G	Z	I	F	R	İ	A
Z	E	A	M	E	R	C	A	N	K	Ö	Ş	K	B	F
Z	R	R	S	K	D	C	N	H	V	F	Y	İ	E	R
E	I	I	I	F	İ	S	Q	H	H	R	Q	T	R	A
T	K	M	S	A	C	Ş	J	A	E	V	R	A	İ	N
S	İ	S	S	M	Z	O	N	A	D	Y	A	M	Y	E
J	K	A	M	L	O	S	L	İ	F	Y	N	O	E	Ğ
Q	E	K	G	U	U	P	P	A	Ş	R	J	R	E	E
U	K	L	U	Z	T	Q	B	H	V	T	P	A	D	L
Ç	I	Ç	E	K	O	F	Z	Z	G	A	R	V	S	S
K	A	L	I	T	E	S	A	T	R	G	N	Z	Z	E
Q	N	N	U	H	R	A	T	K	D	U	P	T	C	F
D	U	K	O	F	E	R	E	Z	E	N	E	C	A	Y
B	A	H	Ç	E	D	H	L	B	S	C	D	Z	M	T

AROMATİK
FESLEĞEN
ÇIÇEK
MUTFAK
DEREOTU
TARHUN
YEŞIL
IÇERIK
SARIMSAK
KİŞNİŞ
KALITE
LAVANTA
MERCANKÖŞK
MAYDANOZ
BİBERİYE
SAFRAN
LEZZET
KEKİK
BAHÇE
REZENE

79 - Kracht en Zwaartekracht

E	E	B	A	V	C	G	M	D	H	R	A	H	Q	R
V	K	E	Ş	I	F	E	A	H	İ	D	P	F	I	S
R	İ	M	B	A	D	Z	N	V	A	N	J	A	L	M
E	Z	N	Y	Y	R	E	Y	F	O	R	A	S	J	F
N	İ	Ü	K	J	S	G	E	Y	G	R	E	M	C	U
S	F	T	J	Z	M	E	T	A	M	H	A	K	İ	T
E	A	R	T	T	E	N	İ	O	A	H	H	S	E	K
L	E	Ü	T	C	S	L	Z	E	K	R	E	M	Z	T
L	S	S	B	R	A	E	M	K	B	A	S	I	N	Ç
Z	A	M	A	N	F	R	A	R	I	A	I	N	Y	N
I	P	L	V	R	E	L	K	İ	L	L	E	Z	Ö	P
H	Z	E	K	Q	M	L	E	G	N	Ü	R	Ö	Y	P
M	E	K	A	N	İ	K	E	K	S	E	N	I	E	R
B	Ü	Y	Ü	K	L	Ü	K	H	B	U	J	K	Ğ	S
G	E	N	I	Ş	L	E	M	E	I	E	M	T	D	A

MESAFE
EKSEN
YÖRÜNGE
HAREKET
MERKEZ
BASINÇ
DİNAMİK
ÖZELLİKLER
AĞIRLIK
MANYETİZMA

MEKANİK
FİZİK
BÜYÜKLÜK
KEŞIF
GEZEGENLER
HIZ
ZAMAN
GENIŞLEME
EVRENSEL
SÜRTÜNME

80 - Het Bedrijf

K	B	G	C	H	N	J	N	K	A	C	M	T	Y	J
Y	İ	G	Z	K	V	H	Ü	K	A	S	J	U	L	S
A	R	E	L	K	S	İ	R	E	L	T	E	R	C	Ü
T	İ	M	Q	A	Q	F	Ü	U	A	O	J	U	V	Z
I	M	H	V	T	R	P	B	I	T	I	B	A	R	P
R	L	L	E	E	N	D	Ü	S	T	R	I	E	P	R
I	E	M	E	L	R	E	L	I	V	H	Y	S	D	O
M	R	R	Z	Y	V	T	M	Y	R	M	J	K	K	F
O	L	A	S	I	L	I	K	G	E	L	I	R	S	E
Q	B	K	R	O	A	L	E	H	M	R	I	Q	U	S
I	C	I	T	A	R	A	Y	I	K	S	E	P	N	Y
V	Q	Z	P	O	K	K	L	V	O	F	I	B	U	O
G	B	S	Y	E	N	I	L	I	K	Ç	I	I	M	N
J	V	S	K	Ü	R	E	S	E	L	M	I	G	Ş	E
V	D	M	J	A	T	J	J	R	M	M	F	A	A	L

KARAR
YARATICI
BİRİMLER
KÜRESEL
ENDÜSTRI
GELIR
YENILIKÇI
YATIRIM
KALITE
ÜCRETLER
OLASILIK
SUNUM
ÜRÜN
PROFESYONEL
ITIBAR
RİSKLER
ILERLEME
IŞ

81 - Rijden

A	B	Y	D	L	U	O	R	Y	T	P	H	N	T	P
N	F	T	C	E	G	V	L	K	E	R	O	T	O	M
M	O	E	F	G	P	K	T	U	H	M	N	L	O	Y
O	Y	Y	N	N	S	F	V	P	L	I	A	E	İ	C
T	F	İ	M	N	O	K	I	E	I	L	F	N	K	S
O	Y	N	H	A	R	İ	T	A	K	A	S	Ü	E	P
S	M	M	C	B	K	F	A	T	E	T	Y	T	M	R
İ	C	E	N	A	M	A	F	R	E	N	L	E	R	K
K	G	Y	T	R	Y	R	L	S	O	K	A	K	J	H
L	V	D	V	A	E	T	V	İ	Y	K	A	Z	A	I
E	K	N	M	Y	U	I	C	P	S	A	S	A	R	Z
T	M	K	T	A	V	K	M	I	C	A	K	G	A	V
P	C	S	K	Y	Q	A	R	D	Y	E	N	H	G	H
E	L	E	A	T	G	Y	U	I	Z	N	B	S	Q	R
R	E	V	J	H	K	L	D	K	S	G	R	F	P	T

ARABA
YAKIT
GARAJ
GAZ
TEHLIKE
HARİTA
LİSANS
MOTOR
MOTOSİKLET
KAZA
POLİS
FRENLER
HIZ
SOKAK
TÜNEL
EMNİYET
TRAFİK
YAYA
KAMYON
YOL

82 - Wetenschap

G	Y	F	R	A	V	J	N	V	H	F	B	M	I	L
D	E	U	L	T	T	L	R	Z	E	C	Q	P	K	H
E	E	R	E	L	L	A	R	E	N	İ	M	H	L	I
V	Y	N	Ç	S	Z	S	E	P	C	T	N	T	I	P
R	Ö	P	E	E	P	A	L	Ü	K	E	L	O	M	O
I	N	Y	E	Y	K	Y	İ	İ	D	Q	P	L	E	T
M	T	O	V	S	İ	M	K	S	S	Z	R	M	L	E
N	E	T	R	K	Z	I	T	N	A	O	A	D	Z	Z
L	M	B	Y	B	İ	K	İ	O	U	P	F	O	Ö	O
U	A	P	H	Y	F	Q	B	V	E	R	I	Ğ	G	V
L	A	B	O	R	A	T	U	V	A	R	A	A	D	J
P	A	R	Ç	A	C	I	K	L	A	R	T	T	Z	J
O	R	G	A	N	İ	Z	M	A	M	A	O	N	I	R
Y	E	R	Ç	E	K	İ	M	İ	Y	T	M	N	E	S
K	A	K	P	F	H	G	Q	Y	B	E	Q	L	Y	T

ATOM
KIMYASAL
PARÇACIKLAR
EVRIM
DENEY
GERÇEK
FOSİL
VERI
HIPOTEZ
IKLIM
LABORATUVAR
YÖNTEM
MİNERALLER
MOLEKÜL
DOĞA
FİZİK
GÖZLEM
ORGANİZMA
BİTKİLER
YERÇEKİMİ

83 - Natuurkunde

Y	H	A	K	O	M	S	L	F	A	H	I	Z	D	E
T	G	K	İ	N	A	K	E	M	O	T	Z	B	L	V
C	U	K	U	L	N	U	Ğ	O	Y	R	O	F	D	R
K	S	H	S	O	Y	H	I	V	E	B	M	M	Y	E
M	O	T	O	R	E	O	Z	G	N	Q	M	Ü	T	N
Z	A	M	D	K	T	V	L	G	E	T	Z	Y	L	S
M	K	Z	N	U	İ	Y	P	J	D	V	U	O	H	E
P	B	R	B	V	Z	A	G	G	L	E	Y	H	A	L
A	I	I	V	O	M	H	U	M	M	L	O	O	M	Ü
R	K	E	I	D	A	E	L	E	K	T	R	O	N	K
T	K	I	M	Y	A	S	A	L	Y	I	D	H	A	E
İ	M	İ	K	E	Ç	R	E	Y	U	K	L	G	L	L
K	I	L	I	L	E	R	Ö	G	A	S	J	K	Z	O
Ü	C	Y	I	R	P	F	J	G	P	A	I	R	I	M
L	M	H	K	M	H	A	K	A	Y	L	I	L	H	S

ATOM
KAOS
KIMYASAL
PARTİKÜL
YOĞUNLUK
ELEKTRON
DENEY
FORMÜL
SIKLIK
GAZ
MANYETİZMA
KITLE
MEKANİK
MOLEKÜL
MOTOR
GÖRELILIK
HIZ
EVRENSEL
HIZLANMA
YERÇEKİMİ

84 - Muziekinstrumenten

K	M	A	N	D	O	L	İ	N	K	V	U	R	M	A
Ç	L	D	I	R	K	U	H	F	L	Ü	T	L	Z	U
E	M	A	P	U	R	V	K	E	R	H	O	I	Y	B
L	G	K	R	K	F	A	C	T	T	M	G	H	F	O
L	O	C	A	N	B	D	M	T	G	E	A	S	A	P
O	Q	Y	P	K	E	V	K	F	R	T	F	S	S	İ
B	G	O	N	G	H	T	T	R	O	M	P	E	T	Y
I	A	J	P	F	N	A	M	E	K	K	R	O	M	A
Z	J	N	P	N	O	B	M	O	R	T	Z	B	N	N
J	G	I	Ç	T	F	F	A	M	H	S	H	Y	A	O
F	J	Q	A	O	A	S	R	Q	Z	R	T	A	Z	P
R	K	D	B	T	S	E	İ	A	K	A	N	L	U	V
G	F	A	B	V	K	Q	M	M	T	E	Q	C	M	L
O	M	L	Q	N	A	N	B	L	N	İ	T	I	E	A
P	O	I	E	U	S	P	A	I	Y	M	G	Z	T	B

BANÇO
ÇELLO
FAGOT
FLÜT
GİTAR
GONG
ARP
OBUA
KLARNET
MANDOLİN
MARİMBA
VURMA
PİYANO
SAKSAFON
TEF
TROMBON
DAVUL
TROMPET
KEMAN

85 - Ethiek

I	R	T	N	B	Ü	T	Ü	N	L	Ü	K	N	S	G
Y	A	O	H	A	Y	S	I	Y	E	T	M	E	A	E
I	S	L	D	E	Ğ	E	R	L	E	R	T	Z	B	R
M	Y	E	F	E	S	L	E	F	J	C	A	A	I	Ç
S	O	R	Ö	C	M	M	A	K	U	L	J	K	R	E
E	N	A	Z	G	Q	T	E	M	A	H	R	E	M	K
R	A	N	G	M	K	K	K	G	J	H	I	T	K	Ç
L	L	S	E	S	F	Ü	I	L	I	G	Y	A	S	İ
I	I	P	C	D	İ	P	L	O	M	A	T	İ	K	L
K	T	H	I	D	F	Y	N	T	G	P	U	Q	S	İ
A	E	F	L	M	V	T	A	A	S	E	K	Y	F	K
Z	U	Q	I	M	U	O	S	V	U	Ü	O	Y	P	O
N	Z	G	K	H	H	Y	N	O	G	H	R	K	P	I
G	V	A	G	C	G	D	İ	D	H	D	J	Ü	I	H
İ	Ş	B	İ	R	L	İ	Ğ	İ	P	T	O	H	D	I

ÖZGECILIK
DİPLOMATİK
SAYGILI
DÜRÜSTLÜK
FELSEFE
SABIR
BÜTÜNLÜK
MERHAMET
İNSANLIK
IYIMSERLIK
RASYONALITE
GERÇEKÇİLİK
MAKUL
İŞBİRLİĞİ
TOLERANS
NEZAKET
DEĞERLER
HAYSIYET

86 - Antiek

R	E	S	T	O	R	A	S	Y	O	N	C	O	S	M
Y	I	B	D	R	T	D	Y	B	T	G	B	O	A	O
J	A	N	U	E	P	M	J	S	İ	K	K	E	N	B
I	A	Ş	K	Ğ	K	V	M	E	N	Z	C	T	A	I
H	E	Y	K	E	L	O	C	V	I	N	E	I	T	L
Y	K	S	N	D	P	İ	R	E	L	A	G	L	O	Y
Ü	J	Z	T	Q	Z	H	V	A	C	L	P	A	L	A
Z	R	A	T	A	A	K	A	J	T	V	Y	K	A	C
Y	J	G	U	I	R	R	N	V	R	İ	P	C	Ğ	B
I	F	R	D	M	I	R	I	T	A	Y	F	N	A	S
L	I	B	B	Q	F	R	S	S	Ş	F	I	Y	N	G
R	Y	H	G	T	N	C	C	Z	Q	P	U	P	D	V
U	A	F	G	A	L	H	Z	M	V	H	M	K	I	J
N	T	D	A	K	O	T	A	N	T	I	K	D	Ş	F
J	Q	Y	I	I	C	M	U	B	H	L	A	H	I	R

OTANTIK
HEYKEL
DEKORATİF
YÜZYIL
ZARIF
GALERİ
YATIRIM
SANAT
KALITE
MOBILYA
SİKKE
OLAĞAN DIŞI
YAŞ
FIYAT
RESTORASYON
TAKI
TARZ
ŞART
DEĞER

87 - Activiteiten en Vrije Ti

L	E	Y	I	G	J	P	V	C	Q	Z	Q	S	B	J
O	K	V	G	V	J	U	T	A	N	A	S	E	A	D
B	J	F	K	J	J	E	R	E	G	E	D	Y	H	Z
Y	A	M	F	B	F	H	N	B	N	E	I	A	Ç	H
E	B	L	Ş	Y	R	M	E	E	O	İ	C	H	I	O
L	R	O	I	J	C	Z	G	Y	B	A	S	A	V	S
O	A	B	L	K	F	T	O	Z	O	R	O	T	A	H
V	D	T	A	S	Ç	J	L	B	Y	M	R	E	N	T
O	E	U	D	R	M	I	F	O	A	N	E	T	L	N
J	Y	F	R	Ö	S	J	L	L	M	Q	L	M	I	I
N	Z	C	Y	R	C	D	P	I	A	H	İ	E	K	Q
Y	Ü	R	Ü	Y	Ü	Ş	E	S	K	O	B	K	L	D
Q	I	K	B	B	A	S	K	E	T	B	O	L	G	M
R	A	H	A	T	L	A	T	I	C	I	H	E	R	V
Y	Ü	Z	M	E	T	B	L	R	N	Q	L	Z	B	T

BASKETBOL
BOKS
DALIŞ
GOLF
BALIKÇILIK
HOBİLER
BEYZBOL
SANAT
RAHATLATICI
SEYAHAT ETMEK
BOYAMA
SÖRF
TENİS
BAHÇIVANLIK
FUTBOL
VOLEYBOL
YÜRÜYÜŞ
YÜZME

88 - Schaken

L	Z	Y	C	O	I	R	N	K	I	F	Ö	Ş	Z	Y
H	A	Y	I	S	Y	E	A	Y	T	H	Ğ	A	O	A
U	M	S	P	A	S	I	F	K	U	U	R	M	R	R
Y	A	S	T	Y	G	I	B	Ü	I	G	E	P	L	I
F	N	A	B	R	U	K	B	Z	V	P	N	İ	U	Ş
L	İ	Y	O	R	B	I	Y	Ü	S	G	M	Y	K	M
Z	J	E	C	G	E	H	N	T	A	I	E	O	L	A
E	E	O	Y	U	N	C	U	E	S	P	K	N	A	Q
Ç	T	V	U	F	U	T	Q	V	R	E	K	U	R	I
I	A	D	N	S	Y	A	U	D	G	D	T	K	S	Q
L	R	P	C	F	O	V	B	R	E	V	E	R	V	D
A	T	Y	R	O	E	G	D	E	N	Q	I	A	I	N
R	S	G	E	A	F	E	B	P	N	U	Z	L	U	J
K	V	K	K	A	Z	A	Y	E	B	P	V	E	Y	B
M	F	A	E	A	D	R	Q	Y	B	F	F	A	B	P

ÇAPRAZ
ŞAMPİYON
KRAL
KRALIÇE
ÖĞRENMEK
KURBAN
PASIF
TÜZÜK
OYUN
OYUNCU
STRATEJİ
RAKIP
ZAMAN
TURNUVA
ZORLUKLAR
YARIŞMA
BEYAZ
SIYAH

89 - Boerderij #1

Y	K	G	V	N	O	K	S	D	E	P	J	O	P	F
A	M	Z	A	A	R	E	D	T	A	R	E	Z	I	A
K	V	U	B	J	O	D	V	L	A	B	K	T	R	P
Ö	V	Y	P	H	G	İ	Z	G	G	R	T	I	I	R
P	S	N	U	C	U	T	I	K	R	B	I	O	N	N
E	R	B	Ü	G	S	K	K	T	A	M	Ç	M	Ç	G
K	A	L	A	N	A	A	A	C	K	T	E	U	N	Z
T	A	V	U	K	R	K	M	M	Z	B	K	H	S	O
U	J	V	V	V	I	S	D	A	R	U	C	O	F	D
I	N	J	N	Y	Ç	I	Ü	B	N	Z	R	T	U	M
K	E	K	Z	G	I	T	F	R	U	A	H	Y	V	B
Y	V	E	R	O	T	G	N	L	Ü	Ğ	G	O	Y	P
U	P	Ş	İ	N	E	K	B	F	O	I	V	M	D	F
E	V	E	B	L	G	P	M	K	H	H	K	D	R	A
T	F	K	K	O	U	T	J	C	B	C	J	S	B	Y

ARI
EŞEK
KEÇI
ÇIT
KÖPEK
BAL
SAMAN
BUZAĞI
KEDİ
TAVUK
İNEK
KARGA
SÜRÜ
TARIM
GÜBRE
AT
PIRINÇ
ALAN
SU
TOHUM

90 - Huis

G	P	L	R	R	T	G	S	O	N	S	C	M	C	L
C	I	T	A	Ç	S	C	Ü	B	V	L	E	Y	Z	J
D	K	I	V	M	R	T	P	M	C	J	R	Z	E	G
U	M	Ç	U	U	B	N	Ü	R	O	E	Z	D	P	E
Ş	E	O	D	R	J	A	R	A	G	B	B	A	C	A
O	D	A	A	D	E	B	G	A	G	B	I	F	M	B
E	L	I	P	O	U	A	E	S	Q	M	Q	L	Q	T
H	K	L	B	B	S	H	D	N	K	S	E	J	Y	K
K	Z	Y	Q	O	Z	Ç	H	A	İ	A	D	D	J	A
A	U	F	O	H	P	E	Q	V	H	M	K	M	O	K
P	D	P	K	L	I	D	O	A	O	S	Ö	D	N	İ
I	M	U	T	F	A	K	K	T	O	V	I	Ş	Y	L
P	K	L	M	E	L	A	Y	N	A	L	E	A	M	İ
Y	A	T	A	K	O	D	A	S	I	F	F	T	B	M
K	Ü	T	Ü	P	H	A	N	E	Y	Y	J	Y	B	B

SÜPÜRGE
KÜTÜPHANE
ÇATI
KAPI
DUŞ
GARAJ
ŞÖMİNE
ÇIT
ODA
BODRUM
MUTFAK
LAMBA
MOBILYA
DUVAR
TAVAN
BACA
YATAK ODASI
AYNA
KİLİM
BAHÇE

91 - Geometrie

S	G	B	Q	A	M	A	L	P	A	S	E	H	P	Y
U	Z	Z	T	L	E	N	Y	D	K	I	R	B	L	C
U	G	T	D	K	L	L	N	N	M	Y	A	I	I	G
D	U	K	A	O	K	I	L	K	E	S	K	Ü	Y	U
D	N	F	I	Ş	N	R	V	D	D	G	E	T	E	N
Z	H	G	R	U	E	Ğ	Y	K	Y	F	Ç	K	Z	O
M	F	P	E	T	D	E	R	B	A	H	C	Ü	Ü	M
R	T	O	L	B	Ö	L	Ü	M	N	O	H	F	Y	S
E	İ	R	T	E	M	İ	S	D	A	F	G	G	A	H
J	Ç	K	I	R	S	S	Z	E	I	M	V	R	T	D
B	A	J	K	O	U	R	T	U	Ç	K	T	C	A	O
I	P	M	A	N	T	I	K	E	A	H	E	N	Y	D
L	U	A	R	H	Y	M	G	E	O	T	U	Y	O	B
J	Y	C	G	K	M	G	B	A	P	R	U	V	T	F
V	U	C	Y	U	T	M	V	E	O	G	İ	Z	O	F

HESAPLAMA
DAIRE
EĞRI
ÇAP
BOYUT
ÜÇGEN
AÇI
YÜKSEKLIK
YATAY
MANTIK
KITLE
MEDYAN
YÜZEY
KOŞUT
BÖLÜM
SİMETRİ
TEORİ
DENKLEM
DIKEY
KARE

92 - Jazz

H	Z	J	T	K	Z	Y	U	J	I	H	Y	E	U	L
Q	Z	N	K	E	Y	Y	V	K	C	B	Q	P	E	B
Y	Ş	A	R	K	I	E	B	A	E	R	Q	O	D	G
I	A	R	E	Ü	K	E	N	E	T	E	Y	B	R	M
Y	Y	T	L	K	T	H	U	I	S	S	U	T	V	A
L	A	S	İ	K	O	D	Y	L	E	N	D	S	U	U
Z	M	E	K	C	R	M	O	P	B	O	J	Z	R	Z
P	A	K	T	Q	V	J	P	C	O	K	O	C	G	G
N	L	R	E	M	N	E	H	O	N	O	N	Q	U	D
L	Ç	O	K	İ	N	K	E	T	Z	E	U	P	T	F
S	A	N	A	T	Ç	I	A	A	O	I	P	F	A	C
D	Ğ	J	P	İ	M	Ü	B	L	A	L	S	R	R	L
L	O	U	B	R	V	L	P	K	Z	R	H	Y	Z	R
K	D	T	E	Q	R	N	T	I	J	U	H	N	O	O
V	A	E	T	Y	L	Ü	F	Ş	M	Ü	Z	I	K	N

ALBÜM
ALKIŞ
SANATÇI
ÜNLÜ
BESTECI
KONSER
TÜR
DOĞAÇLAMA
ETKİLER
ŞARKI
MÜZIK
VURGU
YENI
ORKESTRA
YAŞ
RİTİM
KOMPOZISYON
TARZ
YETENEK
TEKNİK

93 - Getallen

İ	M	R	İ	Y	Y	E	D	İ	J	S	R	O	E	L
A	A	D	T	J	F	A	D	V	O	N	E	G	J	2
H	T	R	Ö	D	N	O	Ö	V	Q	R	D	K	L	T
R	E	I	B	I	Y	H	R	P	V	I	Ü	Ç	İ	Y
S	M	B	D	H	I	I	T	L	V	T	K	B	Z	Z
O	A	Z	Q	K	Z	I	A	U	A	S	G	L	E	J
N	T	O	M	A	R	B	Z	A	G	C	C	R	D	Ş
Ü	İ	I	N	N	L	N	P	Y	P	Q	G	S	U	I
Ç	K	T	S	S	U	A	P	K	P	F	U	Z	R	Y
H	M	K	O	T	E	I	D	E	Y	N	O	M	O	Y
T	N	L	N	R	S	K	V	I	R	U	T	G	N	I
I	B	R	Y	M	I	I	I	T	L	A	V	A	A	I
U	D	I	F	C	F	N	K	Z	U	K	O	D	L	V
U	K	P	I	G	I	O	N	D	O	K	U	Z	T	O
A	I	E	I	G	R	P	G	U	O	B	U	F	I	P

SEKİZ
ONSEKIZ
ON ÜÇ
ÜÇ
BIR
DOKUZ
ON DOKUZ
SIFIR
ON
ON IKI

YİRMİ
ON DÖRT
DÖRT
BEŞ
MATEMATİK
ALTI
ON ALTI
YEDİ
ON YEDI

94 - Boksen

Z	L	T	B	V	N	Z	Q	H	Y	Y	J	K	T	V
L	S	G	I	Ç	U	I	Z	A	O	U	T	U	H	Q
Z	F	M	R	Q	E	L	C	L	R	M	R	R	I	K
K	Ö	Ş	E	Y	C	N	Z	A	G	R	A	T	Z	L
A	F	U	C	K	Q	U	E	T	U	U	K	A	L	M
D	C	A	E	Y	A	K	Q	V	N	K	I	R	I	R
O	K	N	B	Y	J	H	G	I	Ü	J	P	M	S	L
E	L	D	I	V	E	N	L	E	R	C	Z	A	A	Y
G	Y	F	K	U	V	V	E	T	E	H	U	V	F	E
S	U	O	E	S	A	V	A	Ş	Ç	I	I	T	Y	Q
N	G	U	S	T	E	K	M	E	L	E	M	E	K	S
B	I	Z	R	U	J	N	D	A	Z	N	S	R	R	I
C	S	K	I	S	N	I	Y	V	P	F	K	R	C	U
O	J	E	D	K	O	T	Y	R	L	E	R	S	O	U
Y	S	F	J	P	K	Z	Q	G	K	L	K	K	N	S

DIRSEK
ODAK
ELDIVENLER
KURTARMA
KÖŞE
ÇENE
ZIL
KUVVET
VÜCUT
HAKEM
TEKMELEMEK
HIZLI
RAKIP
HALAT
YORGUN
BECERI
SAVAŞÇI
YUMRUK

95 - Boerderij #2

S	E	B	Z	E	Ç	H	U	A	M	A	L	U	S	Z
J	N	P	Q	A	I	D	V	J	H	B	A	E	P	P
N	R	U	F	R	F	T	Ü	S	V	I	Q	R	V	F
B	A	H	Ç	E	T	R	I	S	I	M	R	Y	E	N
Ö	R	D	E	K	Ç	A	Ç	C	B	M	E	Y	V	E
A	Q	T	G	G	I	K	O	K	R	A	J	D	R	H
O	J	N	S	T	M	T	B	S	S	T	H	J	H	A
Ç	A	Y	I	R	T	Ö	A	I	K	U	N	F	O	Y
Q	C	I	C	I	J	R	N	A	V	O	K	I	G	V
Y	R	M	K	S	H	Y	Q	D	K	Q	Y	F	U	A
K	Z	B	U	Ğ	D	A	Y	G	I	D	A	U	K	N
O	F	K	M	Q	Y	M	E	K	I	B	P	R	N	L
Q	H	C	Z	S	D	A	H	M	U	J	R	Q	V	A
K	S	E	N	V	K	L	O	L	A	Z	A	Q	G	R
G	B	T	C	Z	S	J	Q	E	I	L	U	Q	C	B

KOVAN
ÇIFTÇI
BAHÇE
HAYVANLAR
ÖRDEK
MEYVE
ARPA
SEBZE
ÇOBAN
SULAMA
KUZU
LAMA
MISIR
SÜT
KOYUN
AHIR
BUĞDAY
TRAKTÖR
GIDA
ÇAYIR

96 - Psychologie

Ç	L	M	H	V	A	L	J	F	Y	U	J	Y	E	K
P	O	L	G	J	B	E	K	G	J	Z	D	V	T	L
P	B	C	G	Q	B	S	I	H	F	T	E	P	K	İ
K	B	M	U	G	C	S	L	T	İ	K	Ğ	K	İ	N
C	S	C	M	K	N	G	I	H	K	Z	E	A	L	İ
S	O	R	U	N	L	L	Ş	E	İ	I	R	D	E	K
I	B	E	O	M	K	U	I	N	R	S	L	Ü	R	T
Y	R	Q	V	P	K	J	K	Z	L	Ç	E	Ş	R	E
D	A	Ç	E	K	I	Ş	M	E	E	N	N	Ü	A	R
P	L	V	U	N	G	L	I	V	R	I	D	N	N	A
E	U	C	Z	L	L	R	D	L	E	L	I	C	D	P
I	G	U	R	L	A	Y	A	H	I	I	R	E	E	İ
Z	Y	O	G	D	R	D	U	G	J	B	M	L	V	Q
F	U	D	A	V	R	A	N	I	Ş	S	E	E	U	A
V	D	J	G	E	R	Ç	E	K	L	I	K	R	F	H

RANDEVU
DEĞERLENDIRME
BILINÇSIZ
BILIŞ
ÇEKIŞME
HAYAL
EGO
DUYGULAR
DÜŞÜNCELER
DAVRANIŞ
HIS
FİKİRLER
ETKİLER
ÇOCUKLUK
KLİNİK
ALGI
KIŞILIK
SORUN
GERÇEKLIK
TERAPİ

97 - Zakelijk

S	J	A	I	B	D	P	I	P	D	M	I	B	P	E
H	Y	S	N	V	U	Ü	K	I	I	I	E	N	E	U
Ç	A	L	I	Ş	A	N	K	B	Y	R	Ç	L	R	F
C	H	O	İ	M	O	N	O	K	E	I	T	A	Ş	Ş
R	C	İ	R	P	I	Z	S	F	A	D	Ü	I	L	I
N	Y	M	B	K	A	S	İ	F	O	N	B	Ş	U	R
A	K	İ	M	G	B	T	G	I	Z	I	P	V	Q	K
K	A	R	I	Y	E	R	R	I	L	E	G	E	I	E
C	M	İ	R	L	F	Â	E	O	J	Q	J	R	E	T
L	A	B	I	C	G	K	V	G	N	M	C	E	J	G
H	L	A	T	I	F	Z	B	V	P	G	S	N	V	Q
B	I	R	A	K	I	R	B	A	F	M	A	L	M	V
Z	Y	A	Y	R	K	F	A	J	F	J	T	S	G	P
Q	E	P	B	U	V	L	M	V	A	Z	I	A	K	R
R	T	P	A	R	A	N	L	I	U	J	Ş	R	U	U

PATRON
ŞIRKET
BÜTÇE
VERGİ
KARIYER
EKONOMİ
FABRIKA
PARA
GELIR
YATIRIM
OFİS
INDIRIM
MALIYET
IŞLEM
PARA BİRİMİ
SATIŞ
IŞVEREN
ÇALIŞAN
DÜKKAN
KÂR

98 - Voeding

V	İ	T	A	M	İ	N	İ	T	L	E	Z	Z	E	T
P	R	O	T	E	İ	N	U	Q	O	B	A	R	F	A
N	S	B	E	D	I	Y	E	T	O	K	E	C	K	J
E	O	K	A	L	I	T	E	L	Z	R	S	S	V	E
B	S	Y	D	E	N	G	E	L	I	I	S	İ	İ	Y
Z	A	G	S	Q	B	E	B	D	E	L	O	M	N	N
P	Ğ	A	R	A	L	I	V	I	S	I	C	S	O	A
L	L	U	M	D	T	R	C	P	T	B	R	İ	M	S
B	I	A	U	İ	S	N	H	V	S	E	Y	N	F	Q
F	K	I	L	R	I	Ğ	A	A	N	L	E	D	P	L
R	L	D	N	O	L	K	T	M	E	I	D	İ	L	R
L	I	Q	K	L	Q	D	Ş	I	R	N	C	R	B	Y
F	Q	D	A	A	D	Y	I	K	J	E	U	İ	J	O
M	N	M	C	K	I	L	Ğ	A	S	Y	F	M	A	P
G	R	H	I	U	J	E	E	B	A	H	A	R	A	T

ACI
KALORİ
DIYET
YENILEBILIR
IŞTAH
PROTEİN
DENGELI
FERMANTASYON
AĞIRLIK
SAĞLIKLI
SAĞLIK
KALITE
SOS
LEZZET
BAHARAT
SİNDİRİM
TOKSİN
VİTAMİNİ
SIVILAR
BESİN

99 - Chemie

U	H	M	R	E	Z	G	J	Y	K	M	O	K	P	V
M	S	İ	N	E	H	R	F	M	S	K	R	Z	Z	S
T	Y	Z	D	F	A	I	K	G	R	B	G	Q	S	L
İ	N	N	O	R	T	K	E	L	E	N	A	Q	E	P
S	T	E	G	Q	O	S	S	O	G	M	N	O	Y	İ
A	L	K	A	L	İ	J	I	I	S	I	İ	M	K	K
H	Ü	I	K	S	I	C	E	C	Y	S	K	E	A	A
K	K	L	K	I	R	F	H	N	A	O	E	T	R	T
Q	E	R	L	V	Z	F	B	E	K	K	N	A	B	A
Y	L	I	O	I	P	V	F	J	L	Y	L	L	O	L
F	O	Ğ	R	H	J	A	H	İ	M	D	V	I	N	İ
N	M	A	T	M	Q	T	I	S	H	A	P	D	K	Z
S	V	G	V	O	P	N	I	K	V	O	E	C	O	Ö
F	Z	A	N	J	G	Y	U	O	C	O	Z	Z	U	R
P	T	Z	U	T	C	G	H	J	Y	P	Q	O	N	Y

ALKALİ
KLOR
ELEKTRON
ENZİM
GAZ
AĞIRLIK
İYON
KATALİZÖR
KARBON
METAL
MOLEKÜL
ORGANİK
REAKSIYON
SICAKLIK
SIVI
ISI
HİDROJEN
TUZ
ASİT
OKSİJEN

1 - Metingen

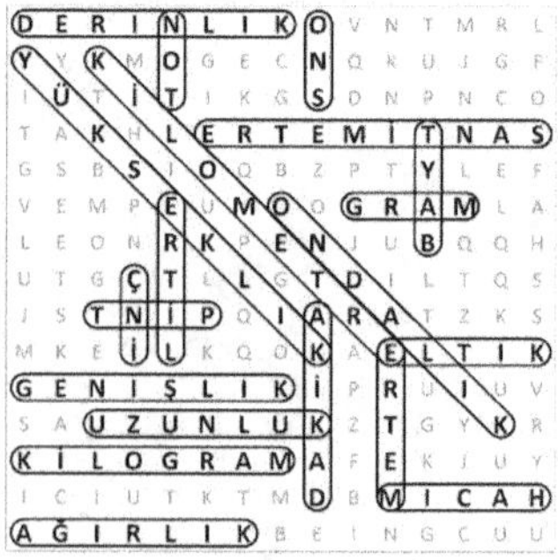

2 - Keuken

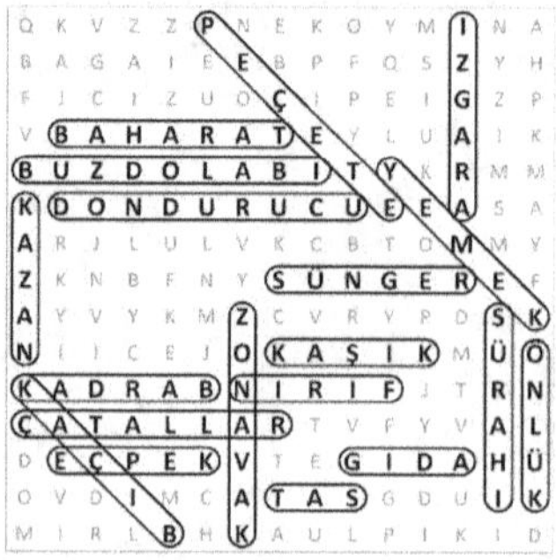

3 - Boten

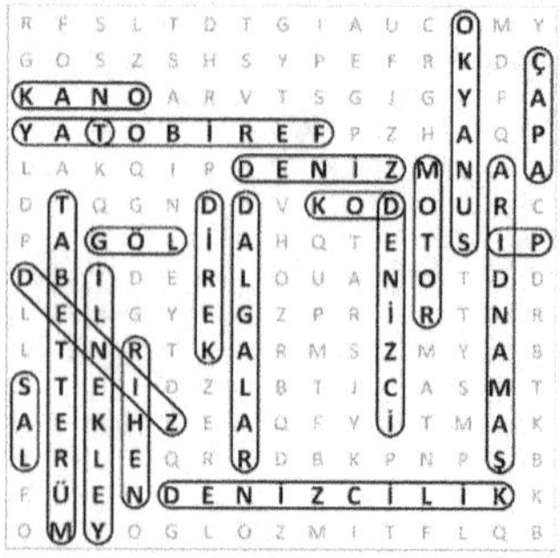

4 - Chocolade

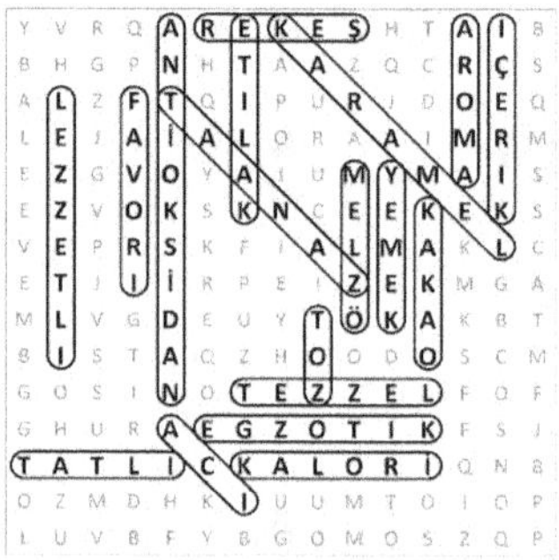

5 - Gezondheid en Welzijn #2

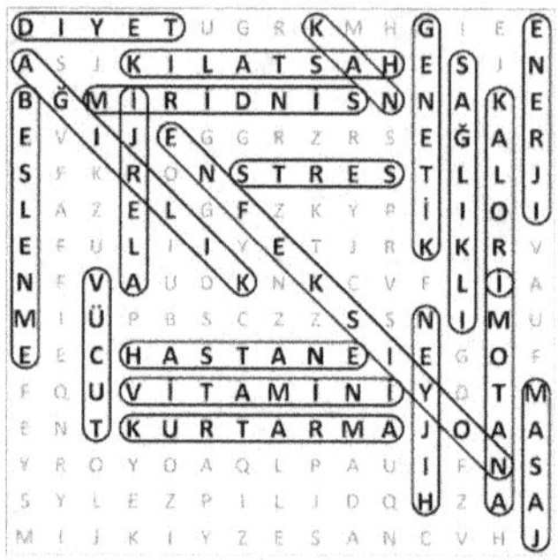

6 - Tijd

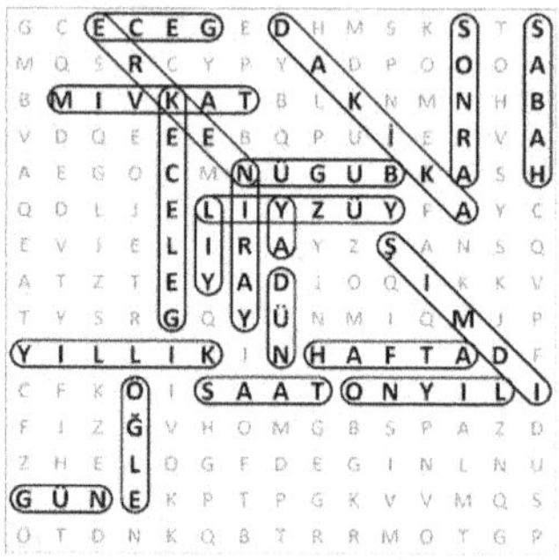

7 - Meditatie

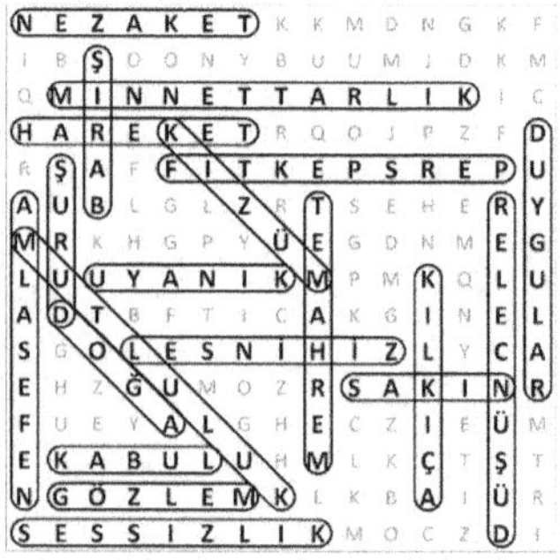

8 - Muziek

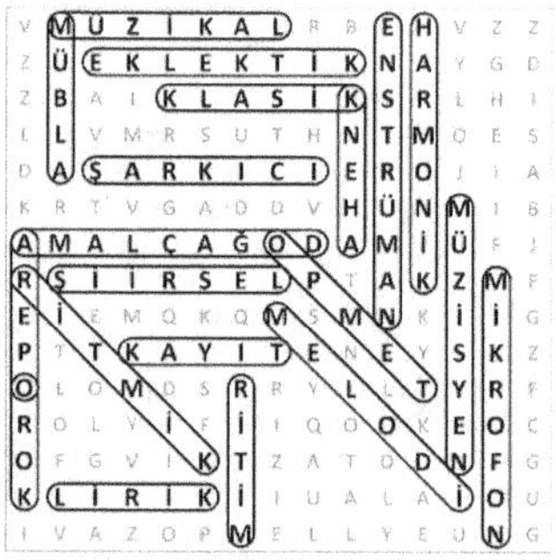

9 - Vogels

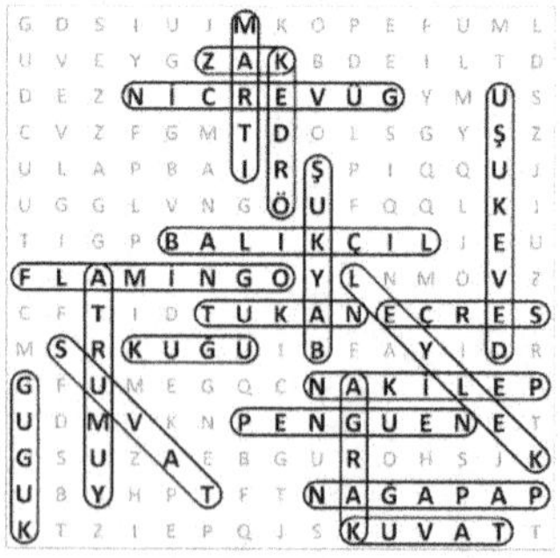

10 - Universum

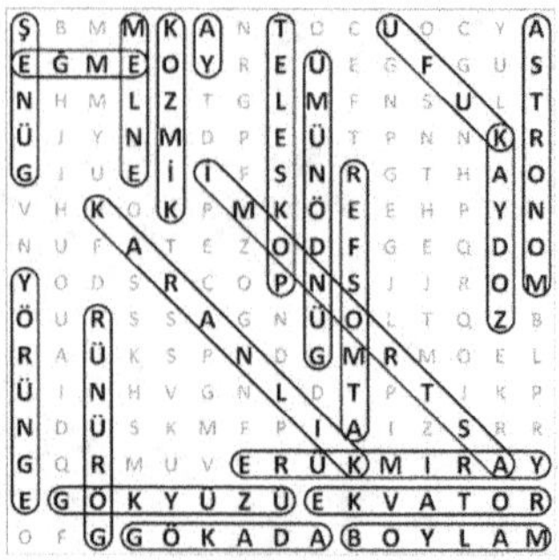

11 - Wiskunde

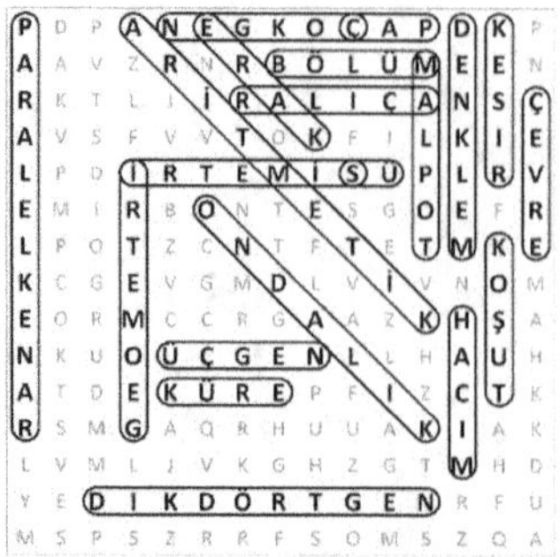

12 - Gezondheid en Welzijn #1

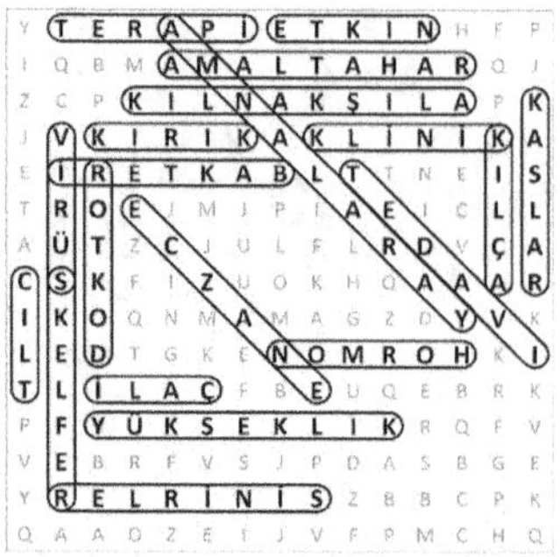

13 - Camping

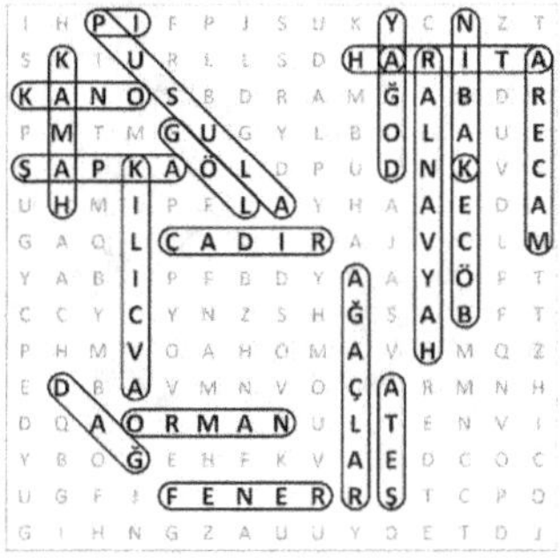

14 - Algebra

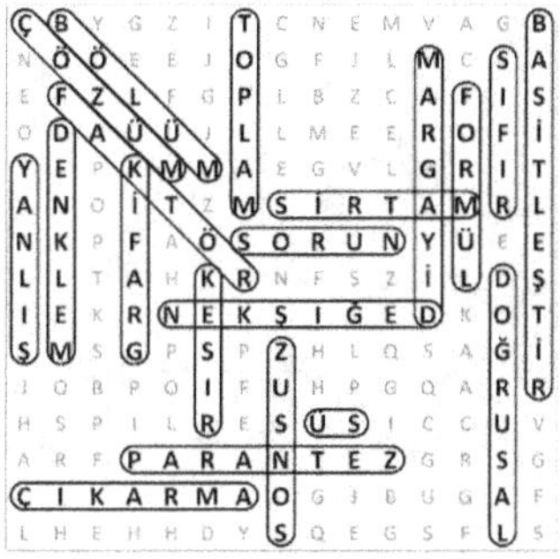

15 - Activiteiten

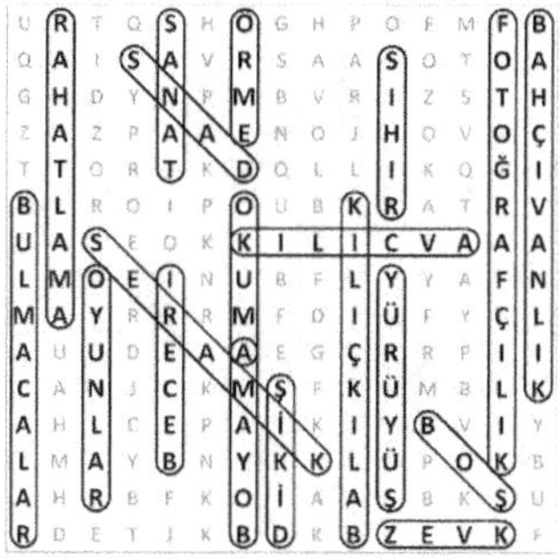

16 - Vormen

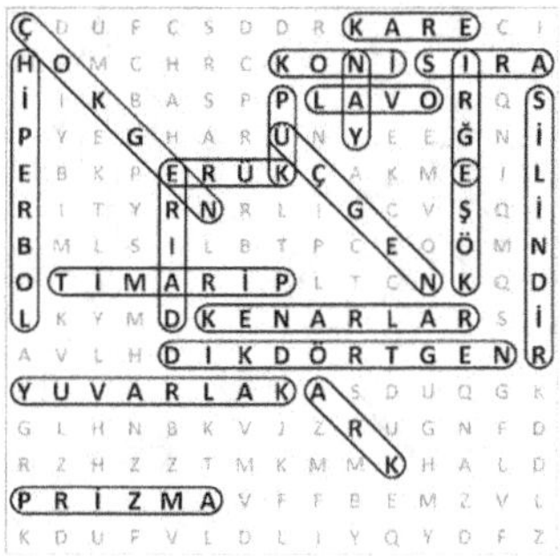

17 - Diplomatie

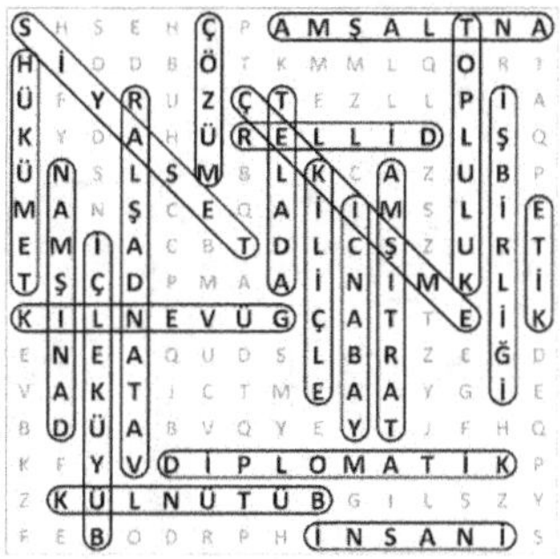

18 - Astronomie

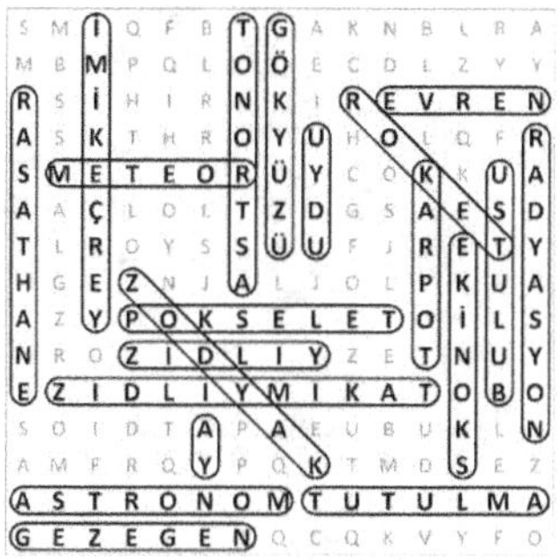

19 - Emoties

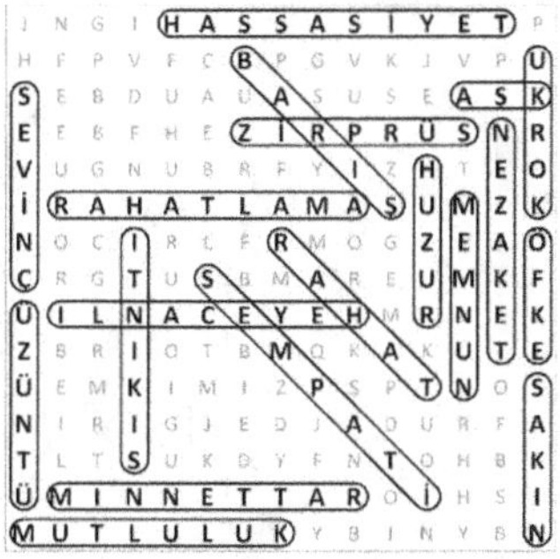

20 - Vakantie #2

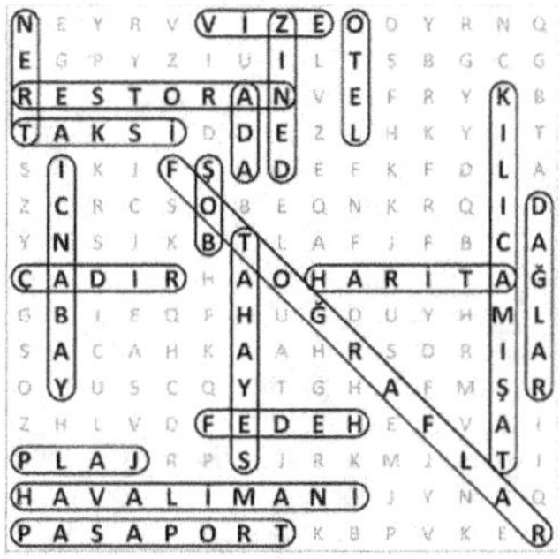

21 - Weersomstandigh

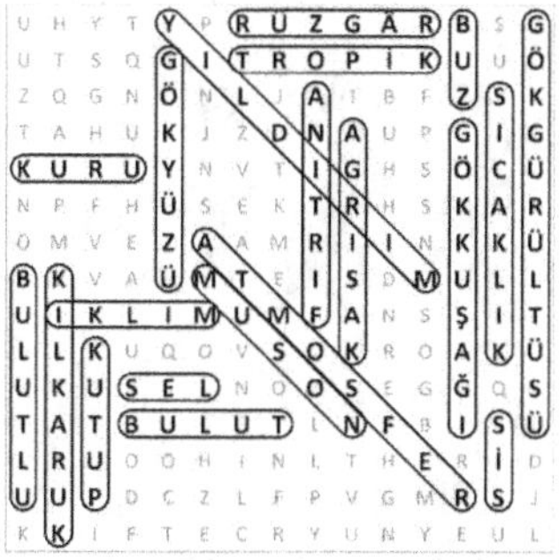

22 - Politiek

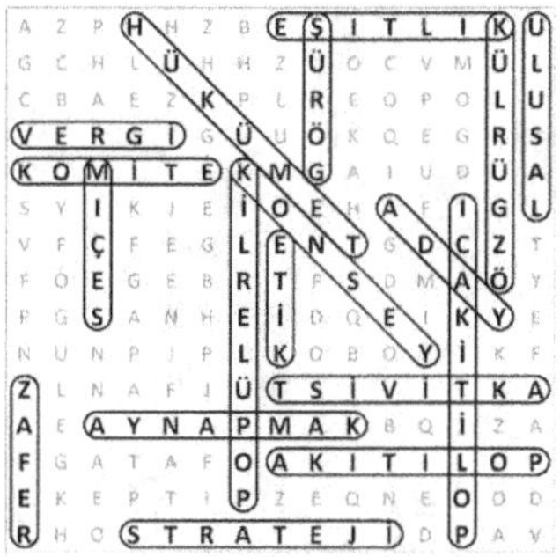

23 - Eten #2

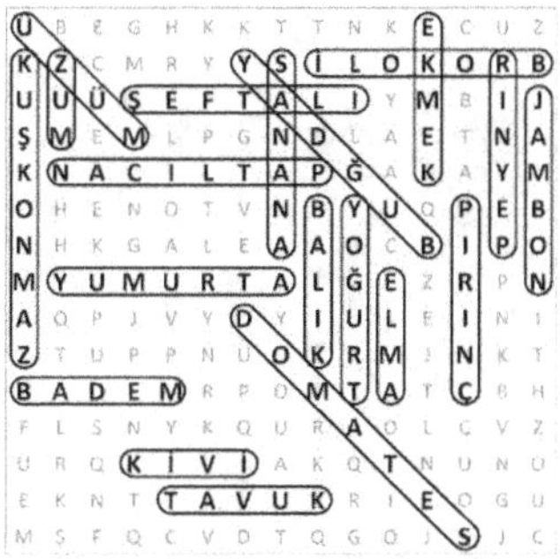

24 - Restaurant #1

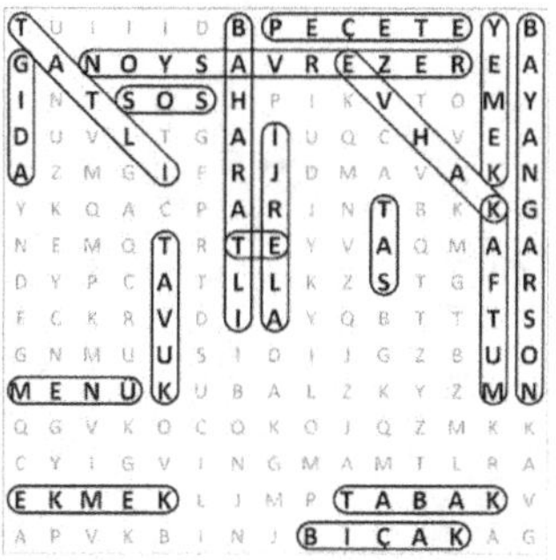

25 - Geologie

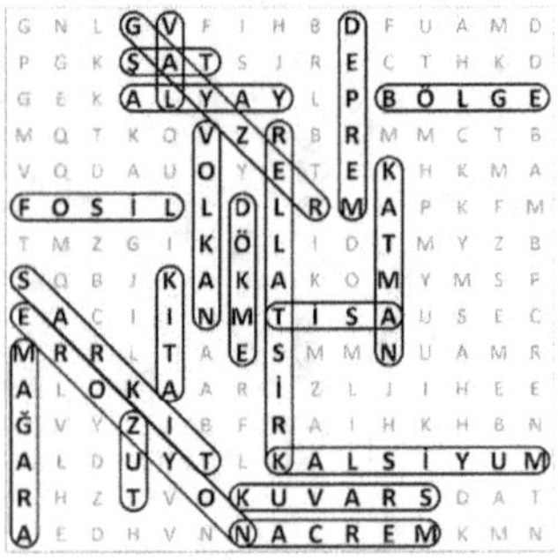

26 - Specerijen

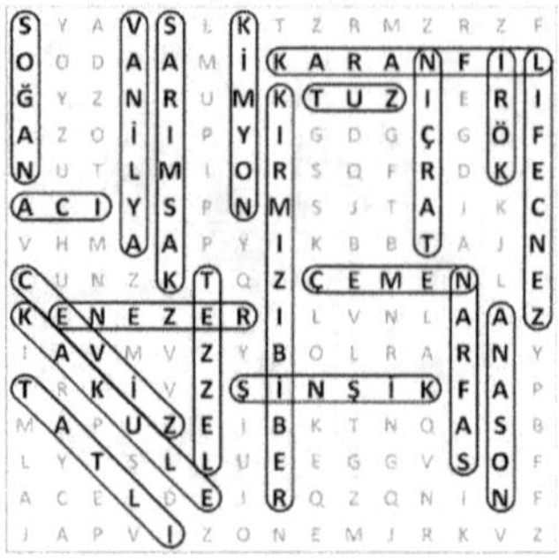

27 - Groenten

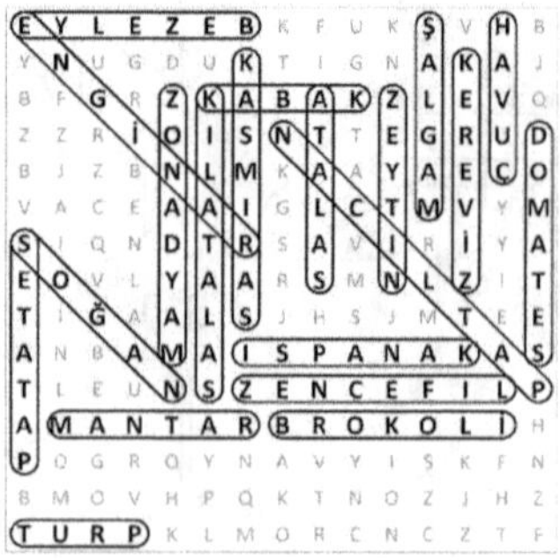

28 - Archeologie

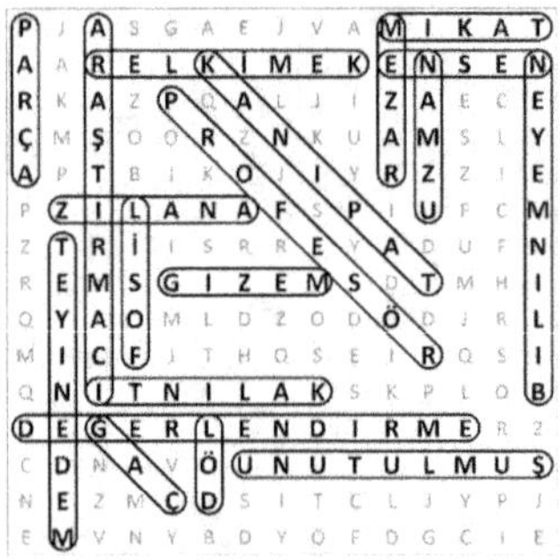

29 - Dans

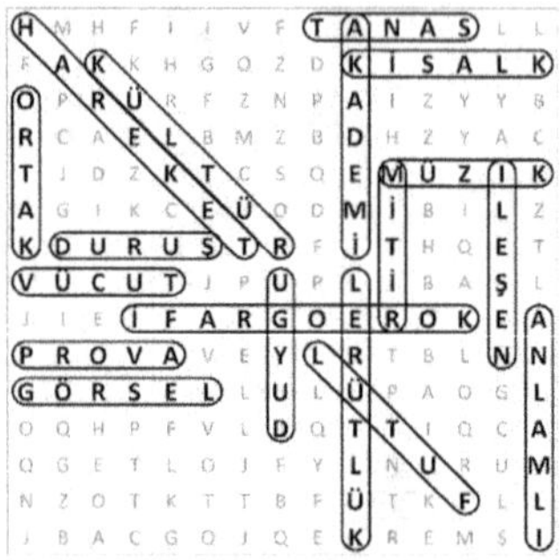

30 - Ziekte

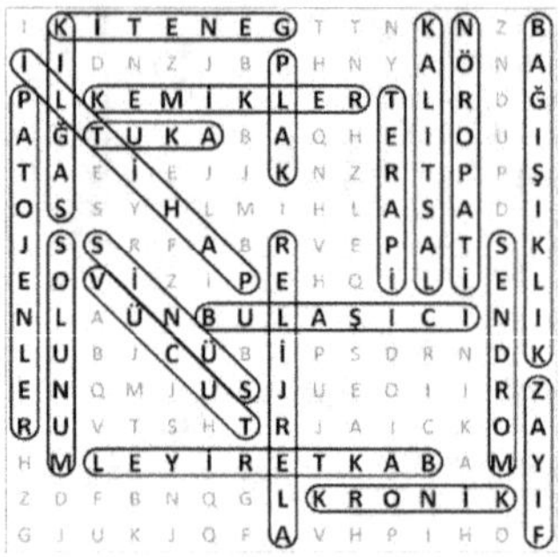

31 - Sport

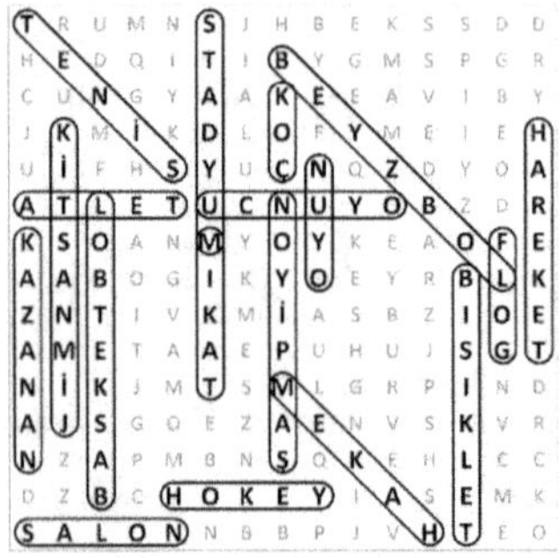

32 - Mythologie

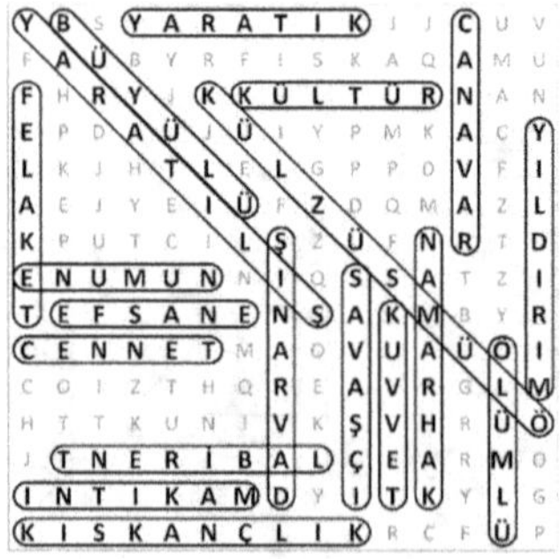

33 - Eten #1

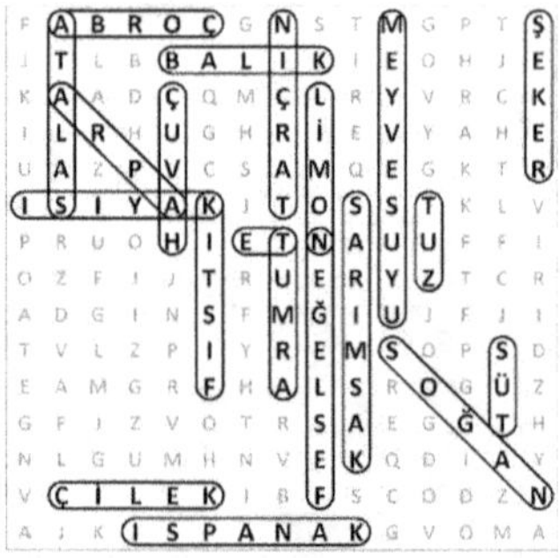

34 - Avontuur

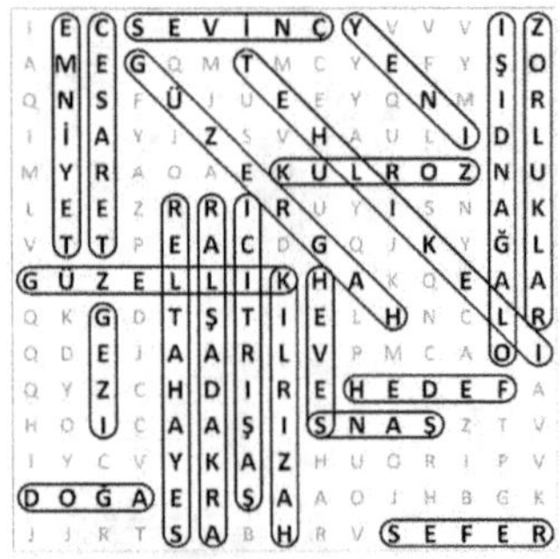

35 - Restaurant #2

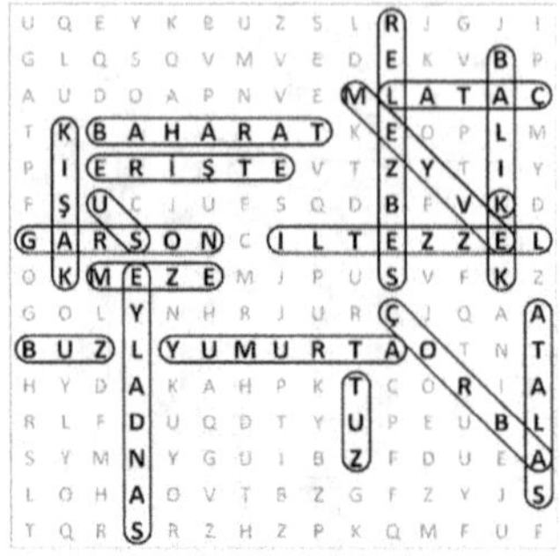

36 - Bijen

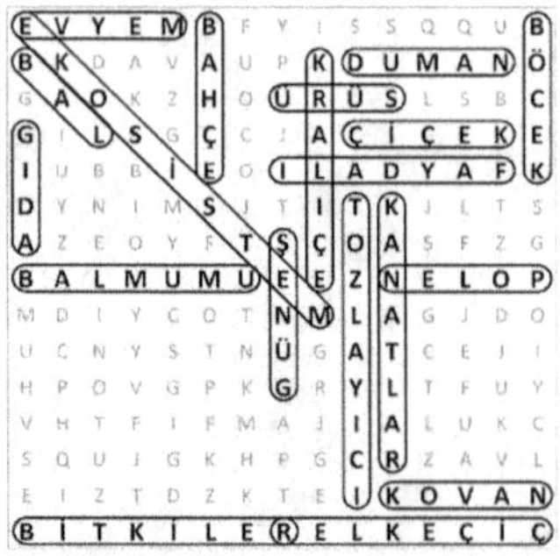

37 - Wandelen

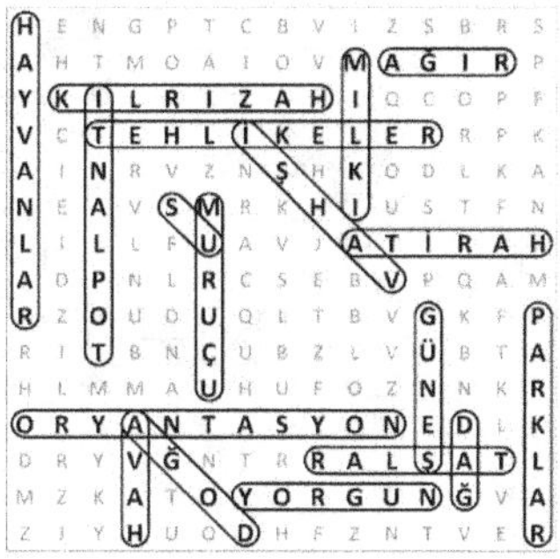

38 - Biologie

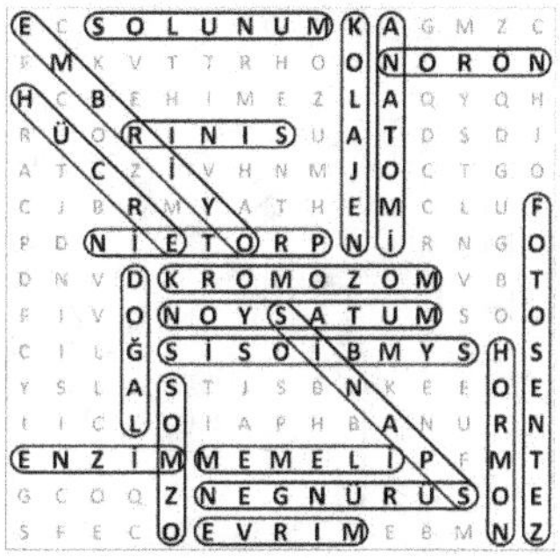

39 - Landen #1

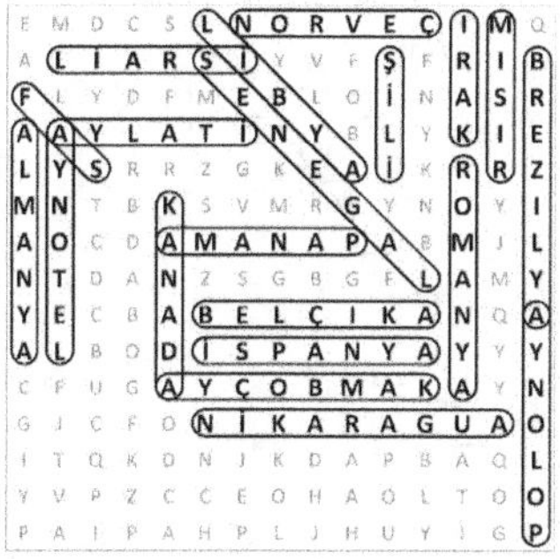

40 - Installaties

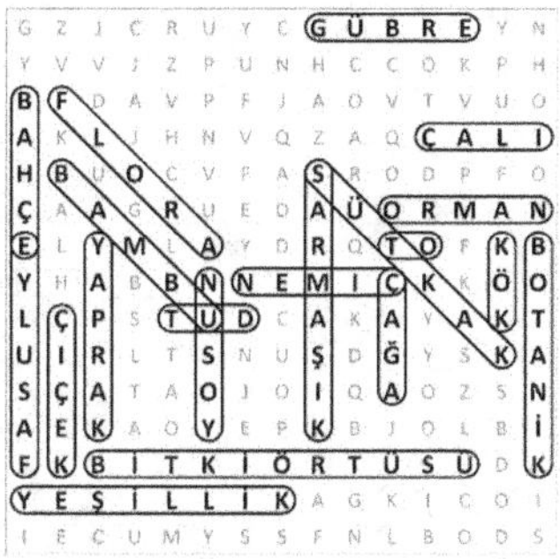

41 - Agronomie

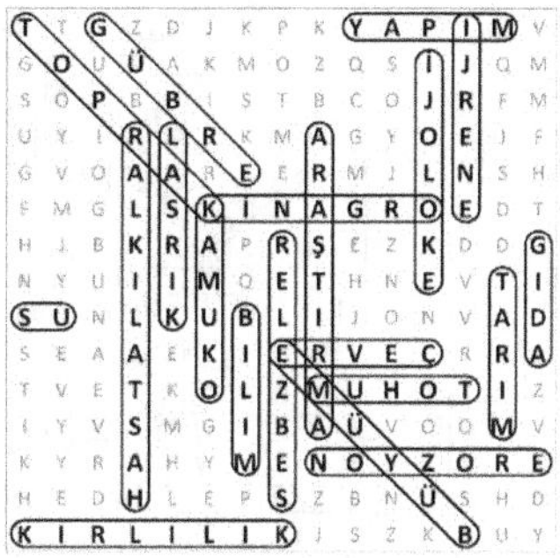

42 - Oceaan

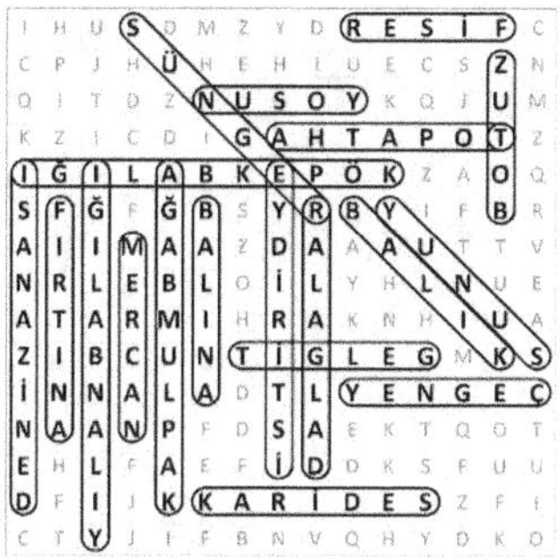

43 - Landen #2

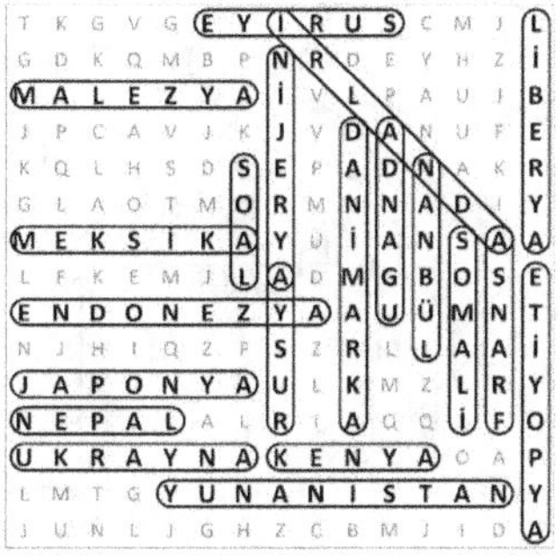

44 - Bloemen

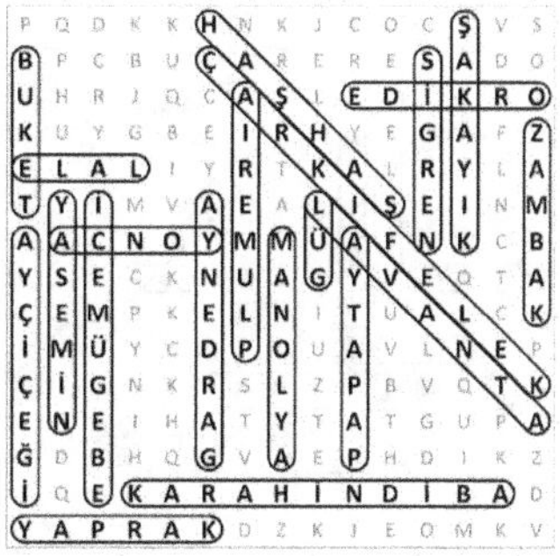

45 - Landschappen

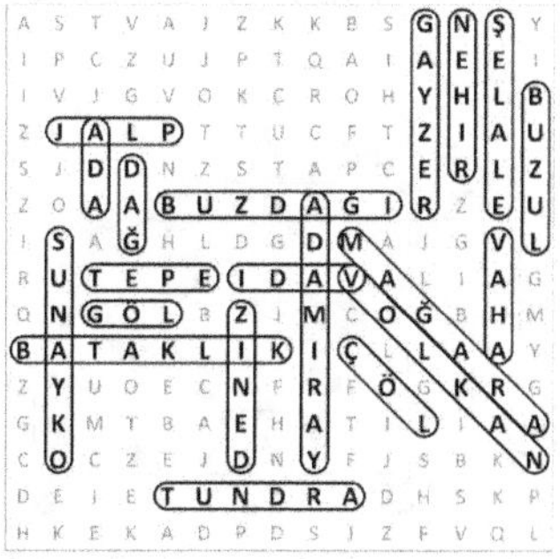

46 - Tuin

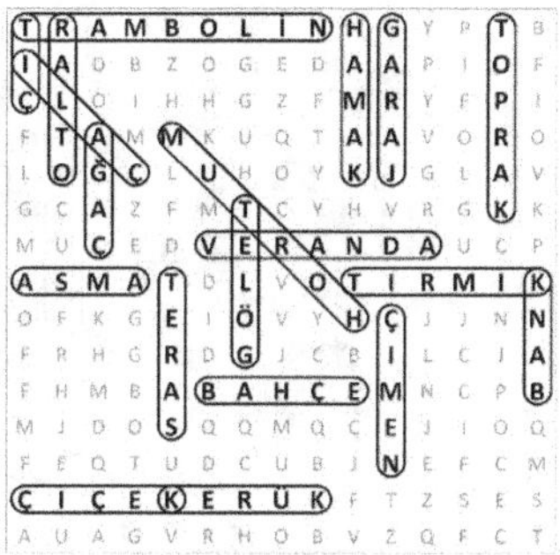

47 - Beroepen #2

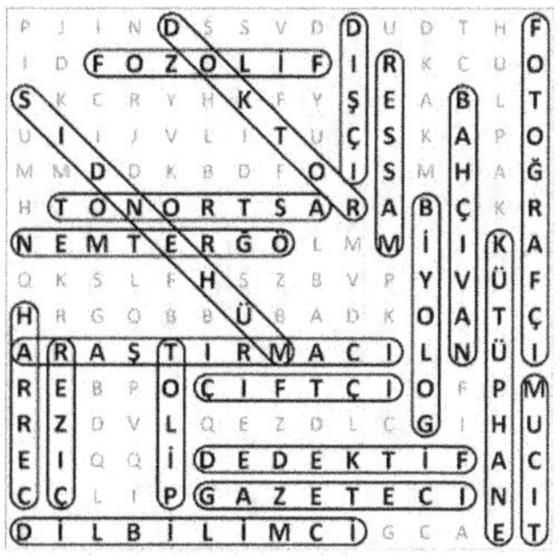

48 - Dagen en Maanden

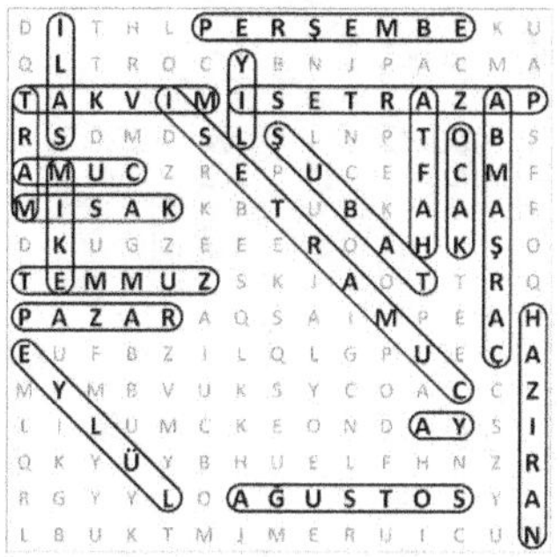

49 - Mode

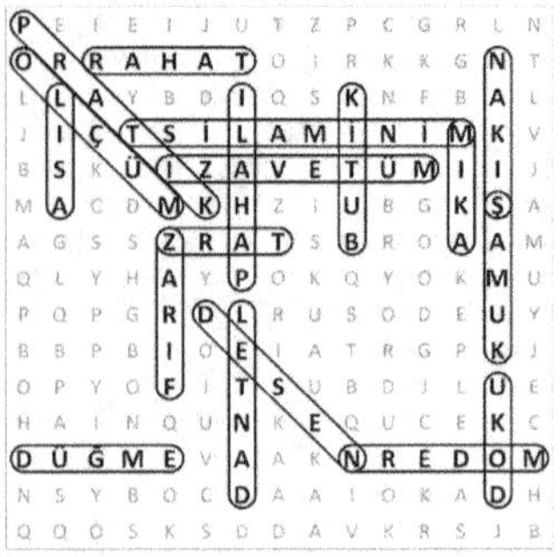

50 - Tuinieren

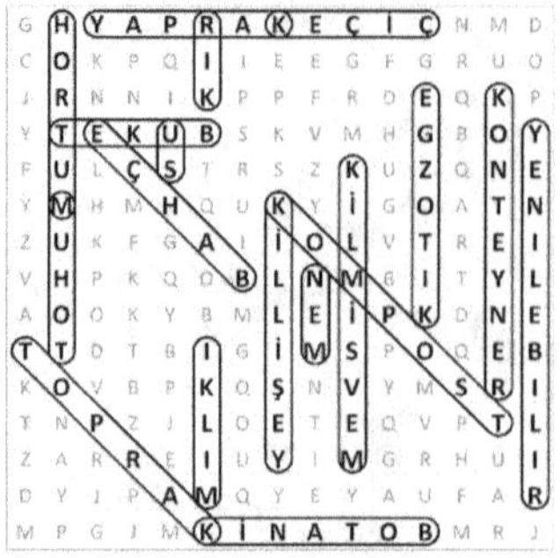

51 - Menselijk Lichaam

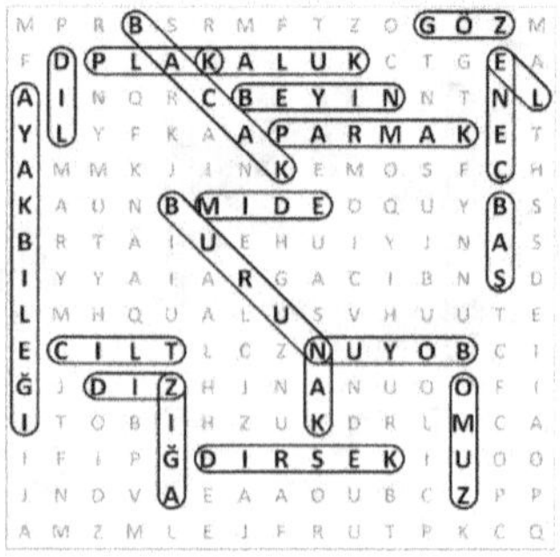

52 - Energie

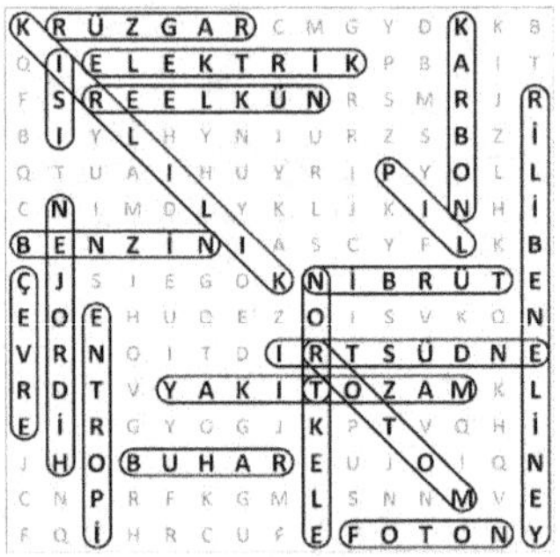

53 - Familie

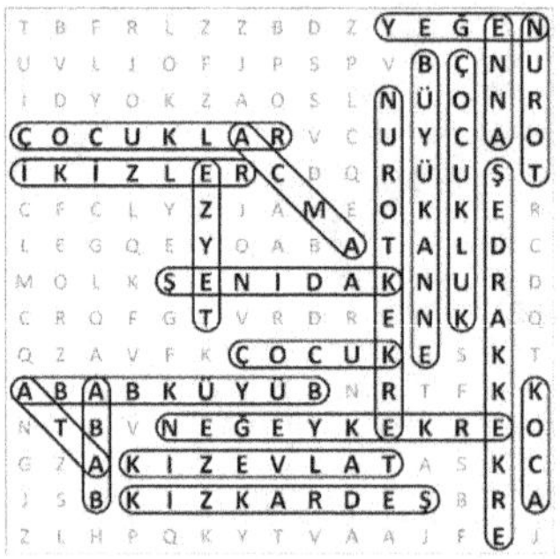

54 - Gebouwen

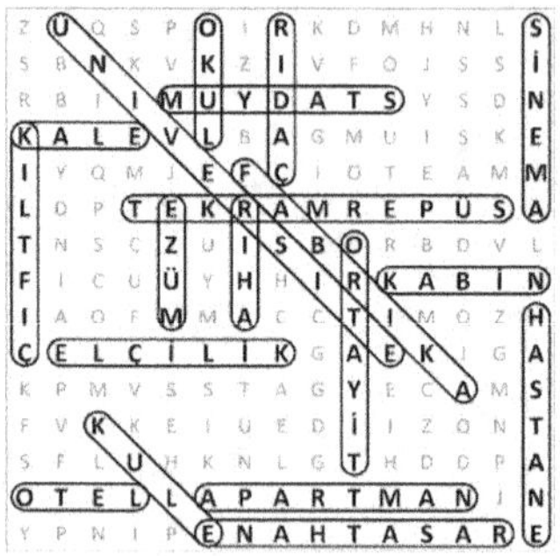

55 - Beroepen #1

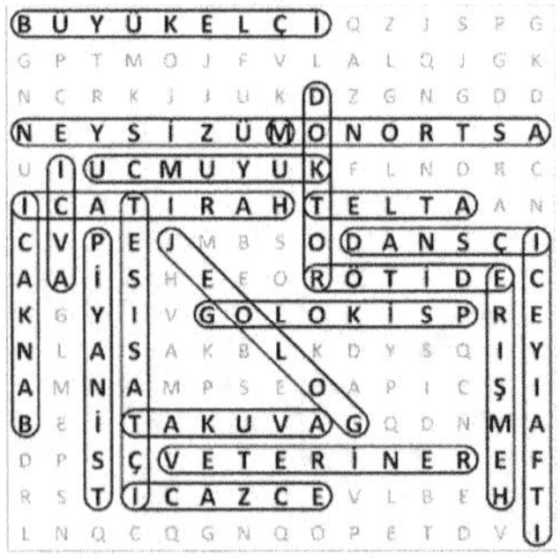

56 - Antarctica

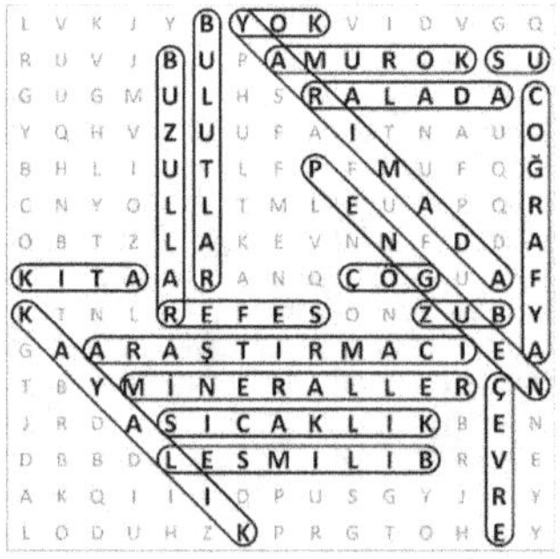

57 - Ballet

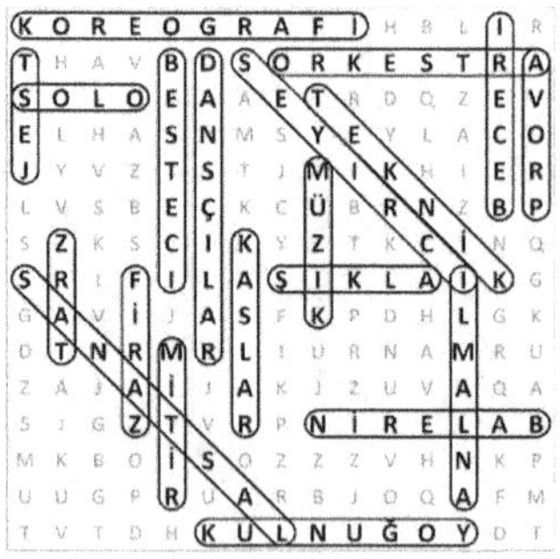

58 - Fruit

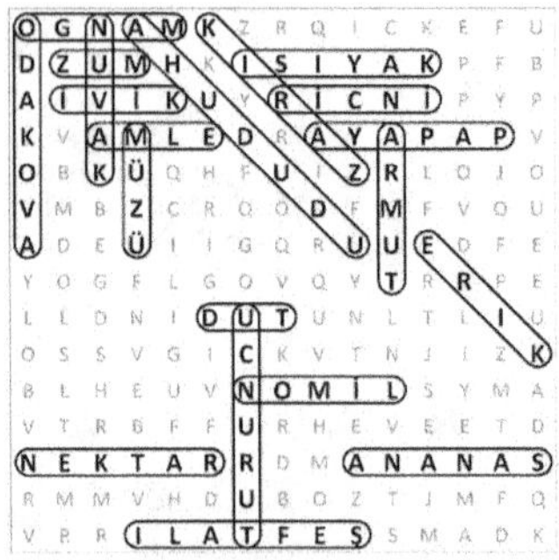

59 - Engineering

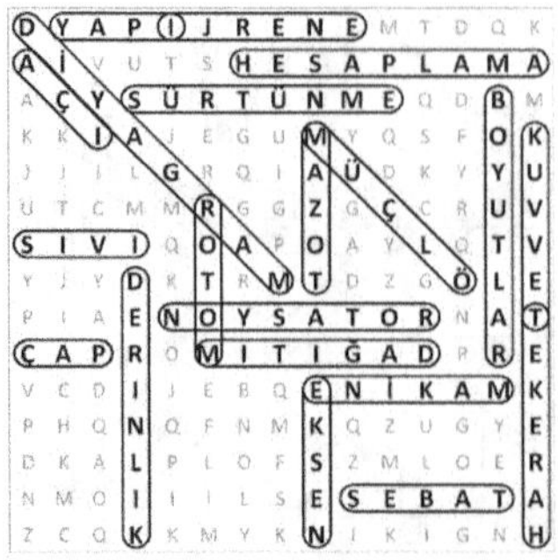

60 - Literatuur

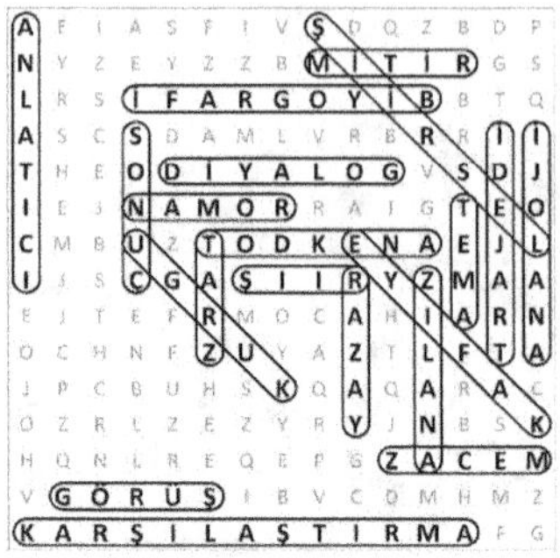

61 - Technologie

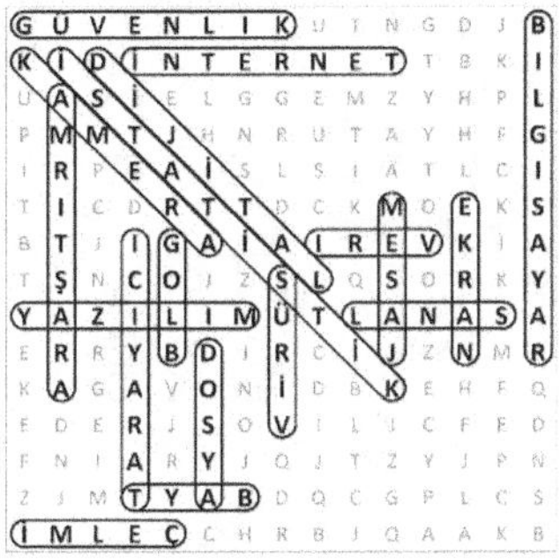

62 - Boeken

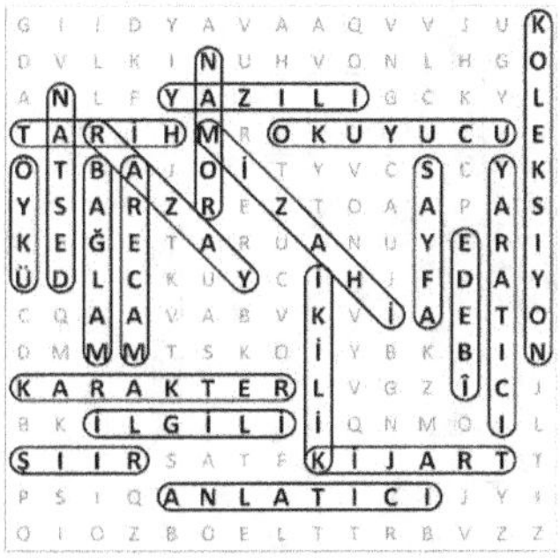

63 - Meer Informatie

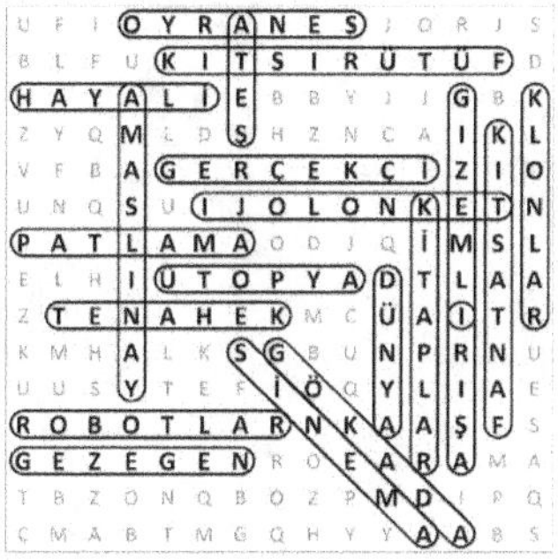

64 - Haartypes

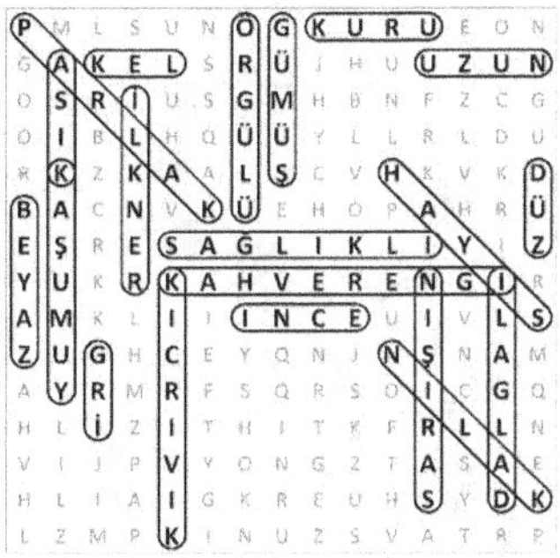

65 - Stad

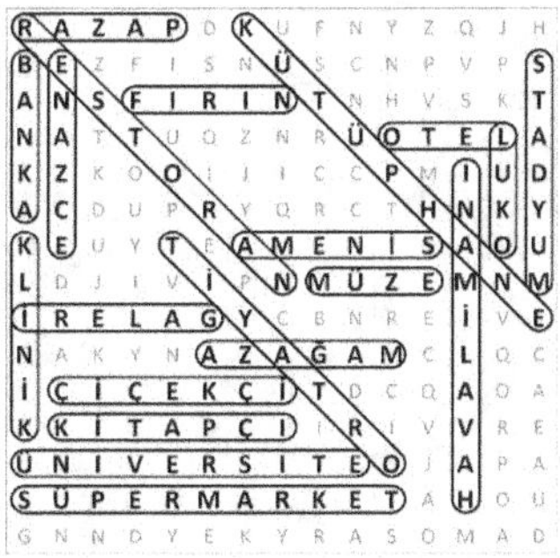

66 - Natuur

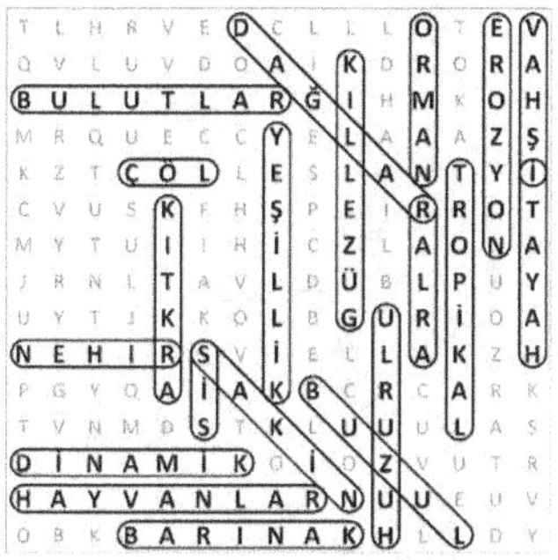

67 - Zoogdieren

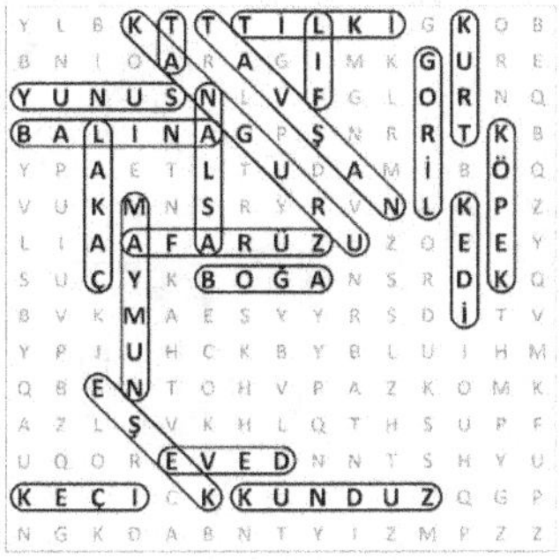

68 - Overheid

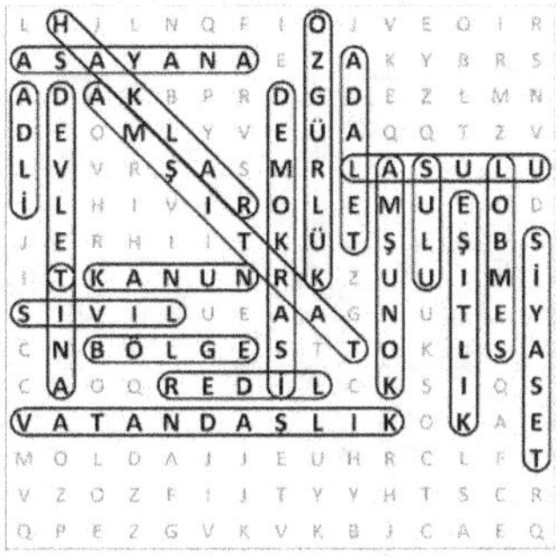

69 - Voertuigen

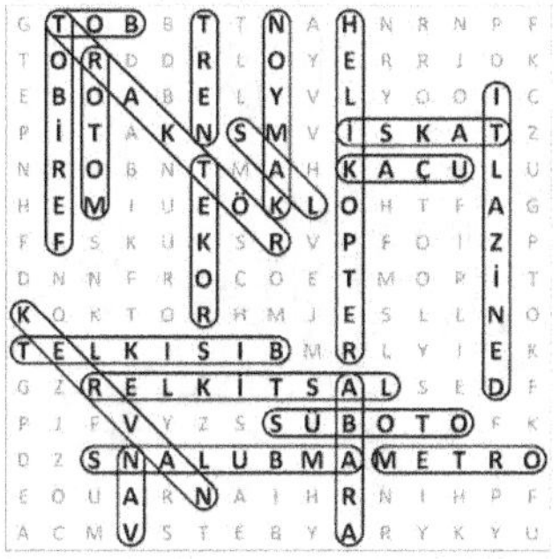

70 - Geografie

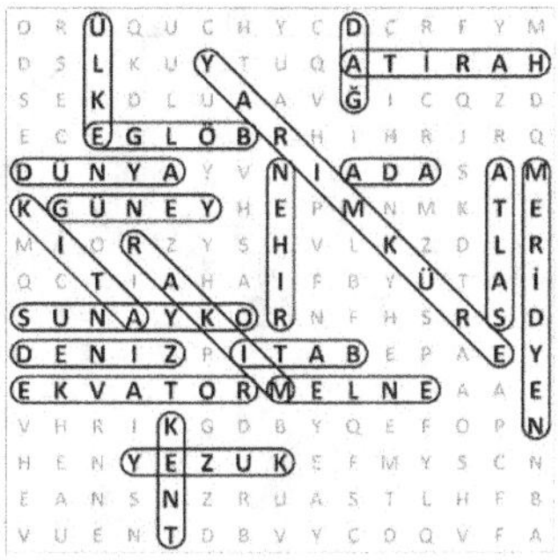

71 - Kunstbenodigdhe

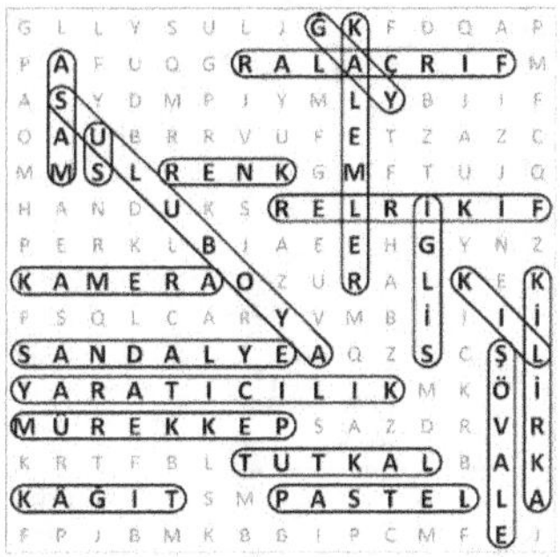

72 - Barbecues

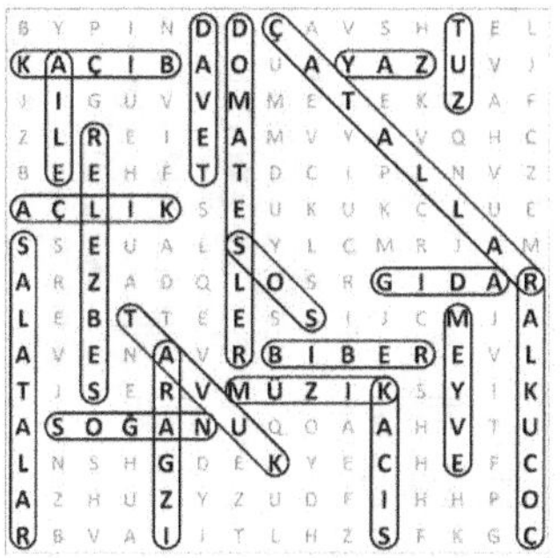

73 - Schoonheid

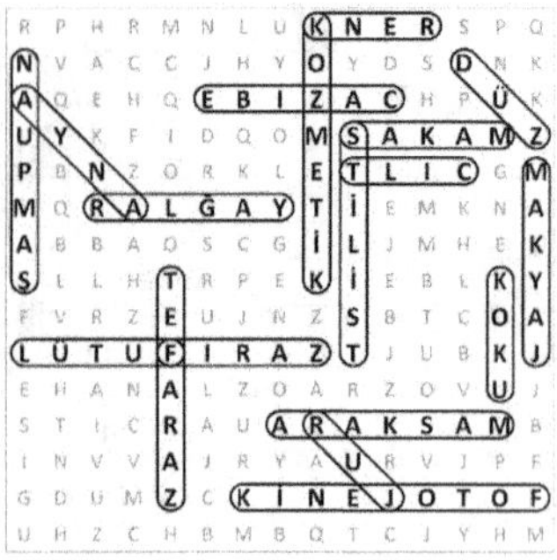

74 - Wetenschappelijk

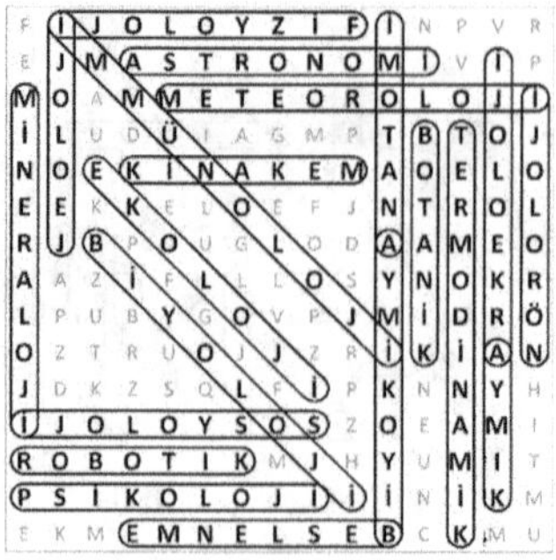

75 - Bijvoeglijke Naamwoorden

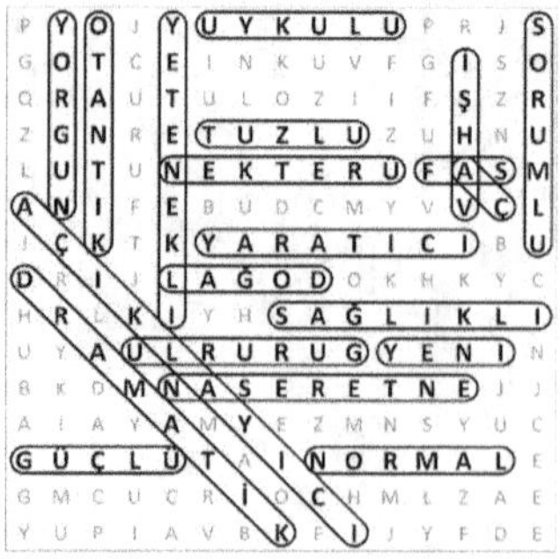

76 - Kleding

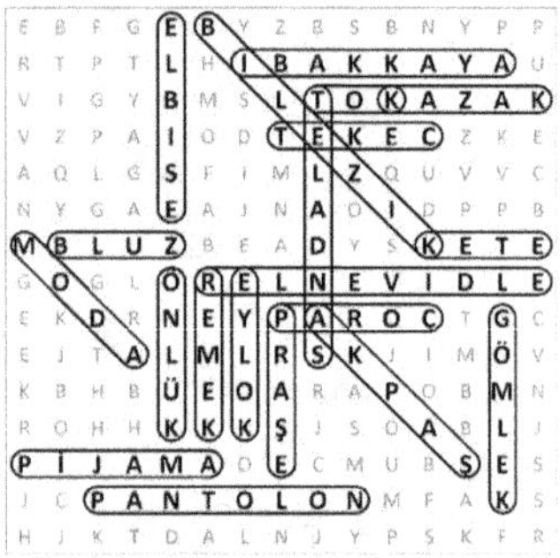

77 - Vliegtuigen

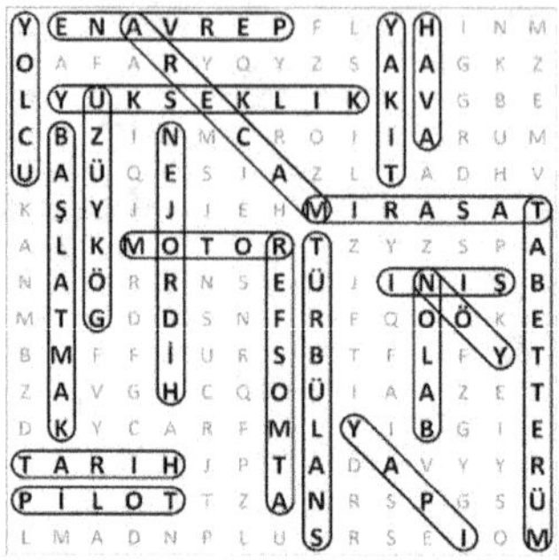

78 - Herbalisme

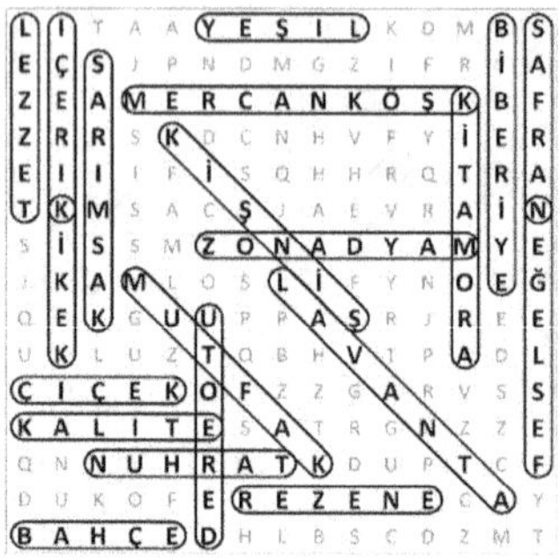

79 - Kracht en Zwaartekracht

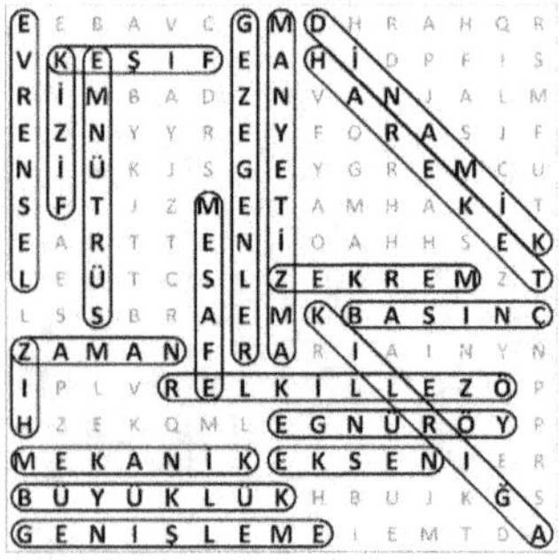

80 - Het Bedrijf

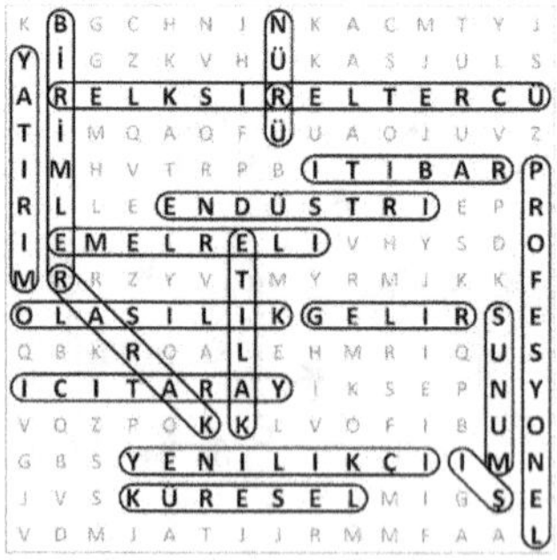

81 - Rijden

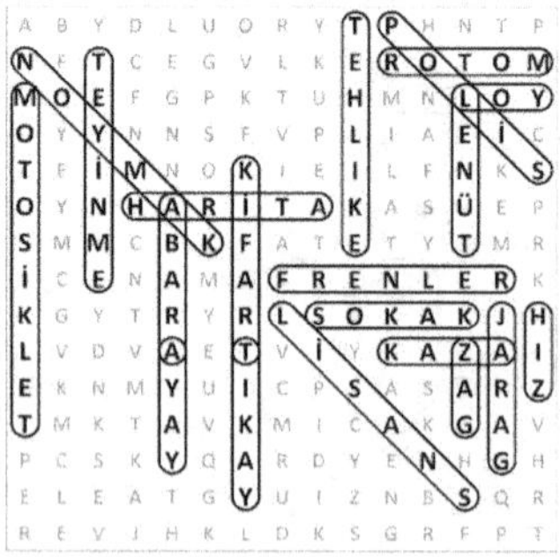

82 - Wetenschap

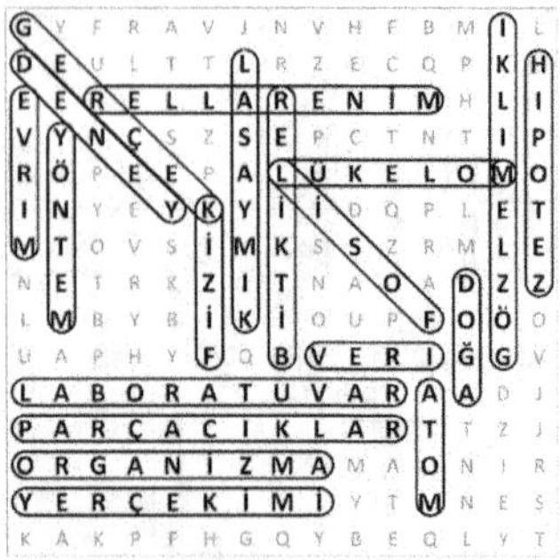

83 - Natuurkunde

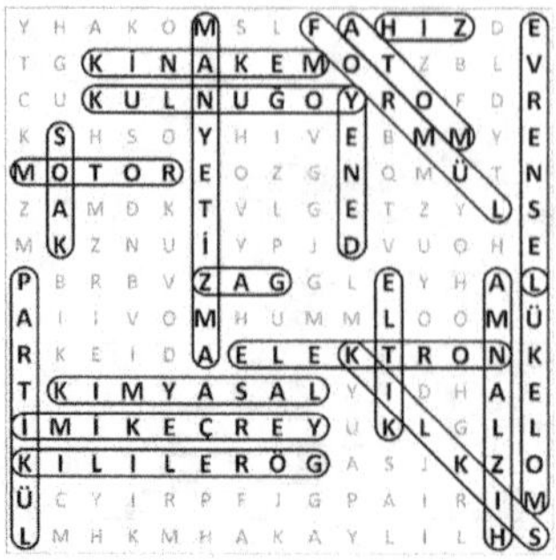

84 - Muziekinstrument

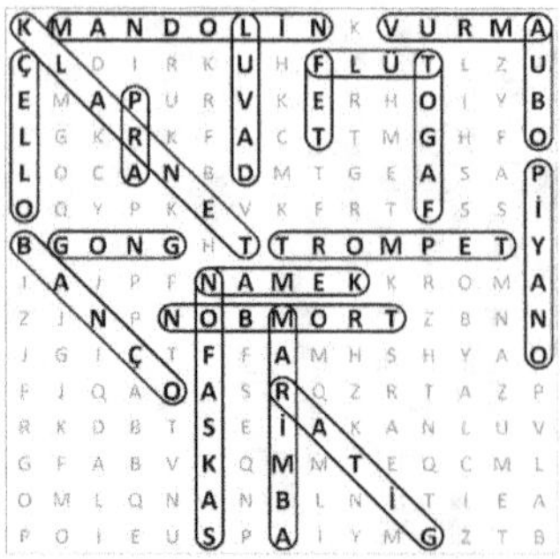

85 - Ethiek

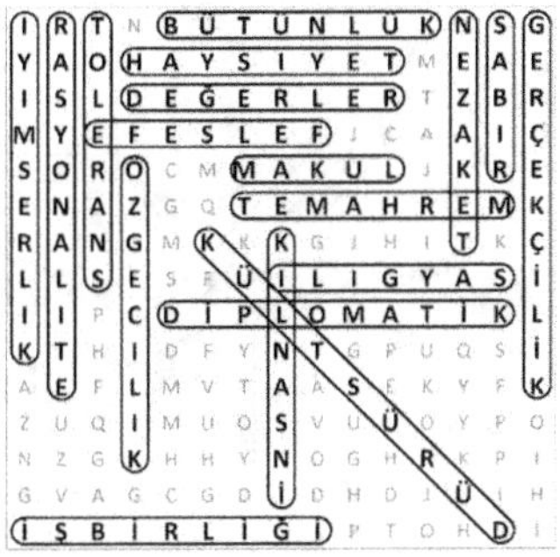

86 - Antiek

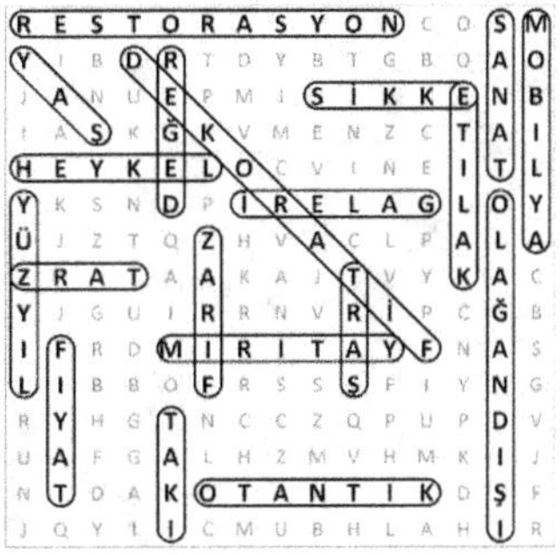

87 - Activiteiten en Vrije Ti

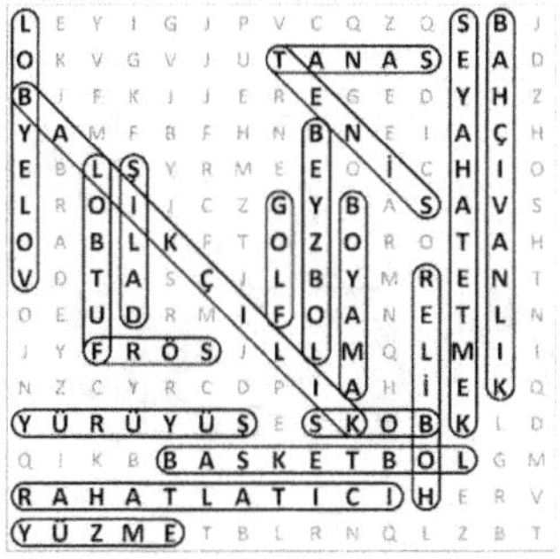

88 - Schaken

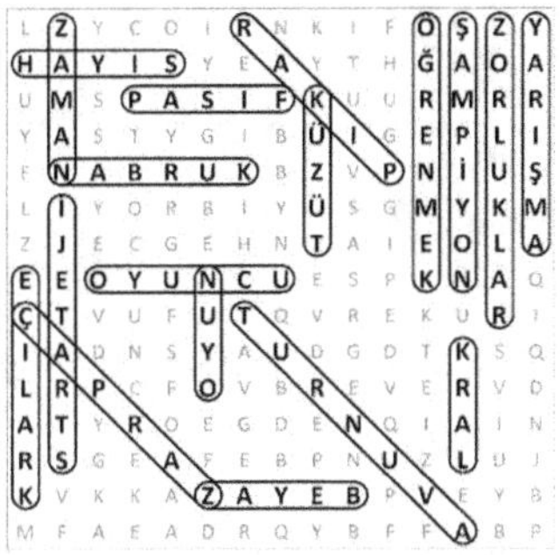

89 - Boerderij #1

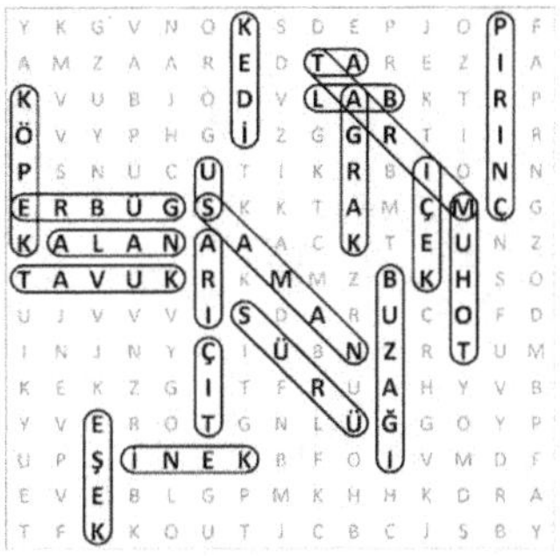

90 - Huis

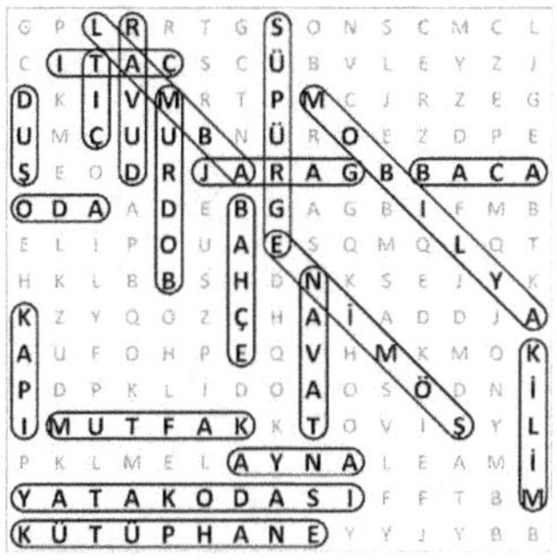

91 - Geometrie

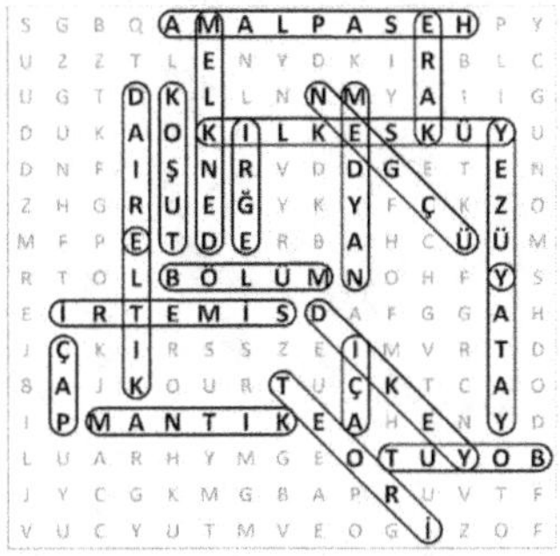

92 - Jazz

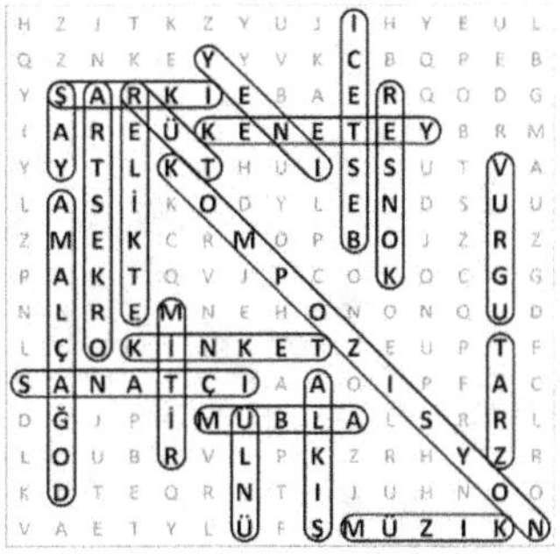

93 - Getallen

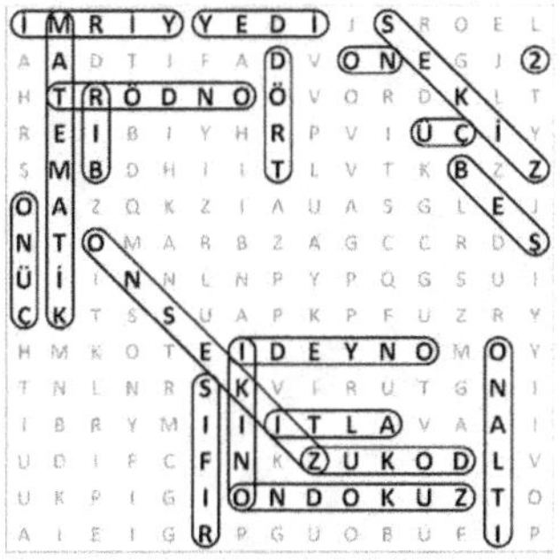

94 - Boksen

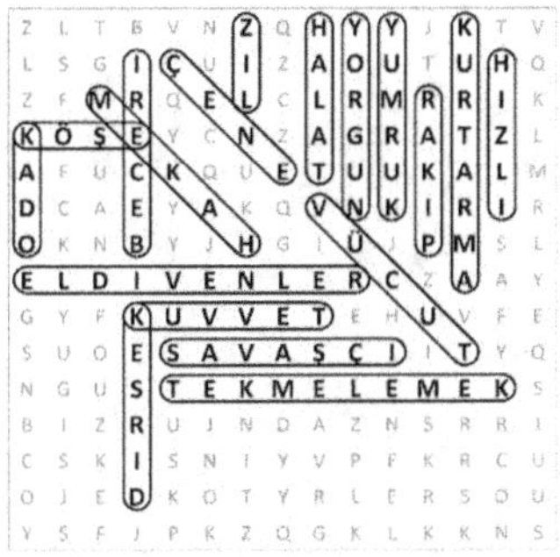

95 - Boerderij #2

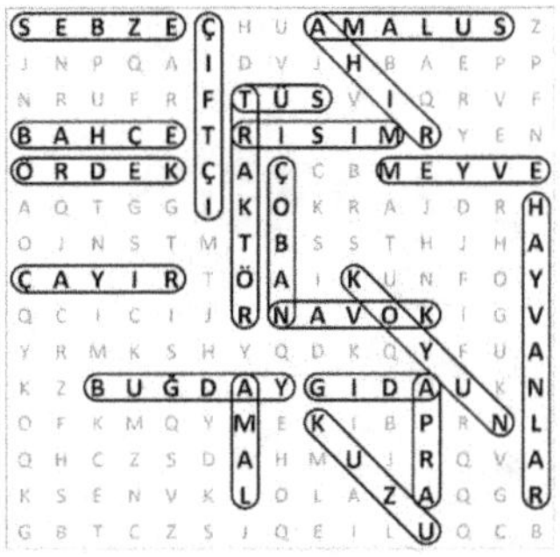

96 - Psychologie

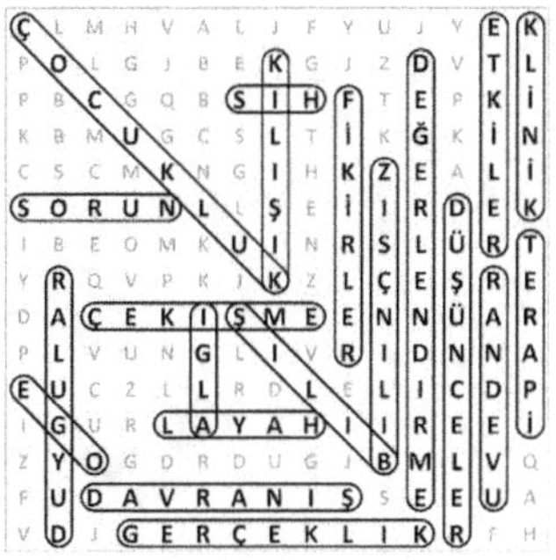

97 - Zakelijk

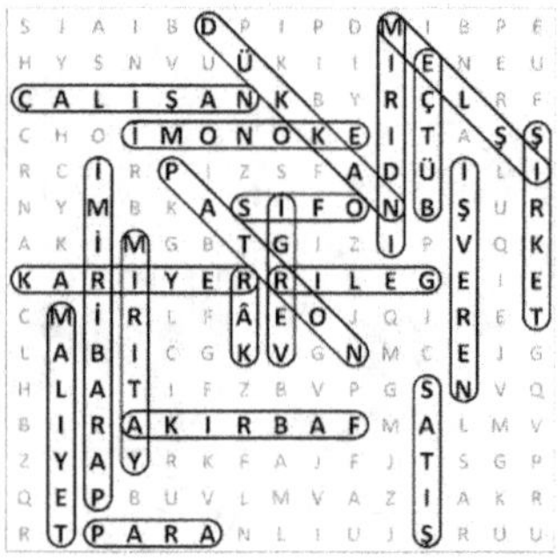

98 - Voeding

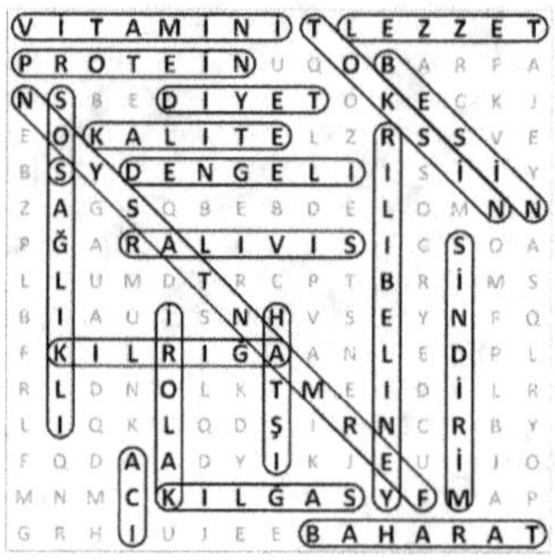

99 - Chemie

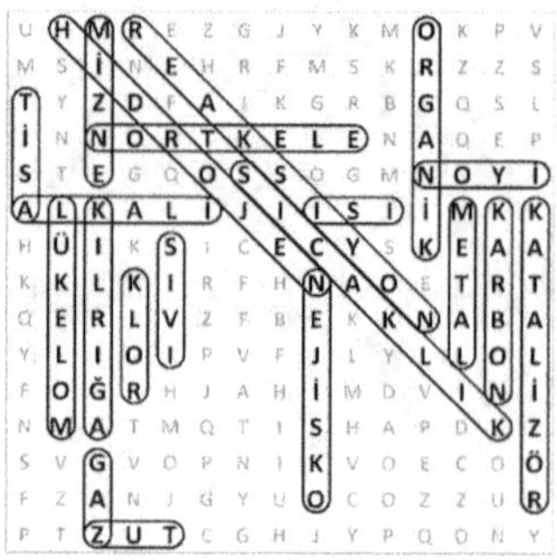

Woordenboek

Activiteiten
Etkinlikler

Breien	Örme
Dansen	Dans
Fotografie	Fotoğrafçilik
Games	Oyunlar
Hengelsport	Balikçilik
Jacht	Avcilik
Keramiek	Seramik
Kunst	Sanat
Lezen	Okuma
Magie	Sihir
Naaien	Dikiş
Ontspanning	Rahatlama
Plezier	Zevk
Puzzels	Bulmacalar
Schilderij	Boyama
Tuinieren	Bahçivanlik
Vaardigheid	Beceri
Vrije Tijd	Boş
Wandelen	Yürüyüş

Activiteiten en Vrije Ti
Aktiviteler ve boş Zaman

Basketbal	Basketbol
Boksen	Boks
Duiken	Daliş
Golf	Golf
Hengelsport	Balikçilik
Hobby	Hobiler
Honkbal	Beyzbol
Kunst	Sanat
Ontspannen	Rahatlatici
Reis	Seyahat Etmek
Schilderij	Boyama
Surfen	Sörf
Tennis	Tenis
Tuinieren	Bahçivanlik
Voetbal	Futbol
Volleybal	Voleybol
Wandelen	Yürüyüş
Zwemmen	Yüzme

Agronomie
Tarım

Bodem	Toprak
Ecologie	Ekoloji
Energie	Enerji
Erosie	Erozyon
Groei	Büyüme
Groente	Sebzeler
Landbouw	Tarim
Landelijk	Kirsal
Mest	Gübre
Omgeving	Çevre
Onderzoek	Araştirma
Organisch	Organik
Productie	Yapim
Studie	Okumak
Vervuiling	Kirlilik
Voedsel	Gida
Water	Su
Wetenschap	Bilim
Zaden	Tohum
Ziekten	Hastaliklar

Algebra
Cebir

Aftrekken	Çikarma
Diagram	Diyagram
Divisie	Bölüm
Exponent	Üs
Factor	Faktör
Formule	Formül
Fractie	Kesir
Grafiek	Grafik
Haakje	Parantez
Lineair	Doğrusal
Matrix	Matris
Nul	Sifir
Oneindig	Sonsuz
Oplossing	Çözüm
Probleem	Sorun
Som	Toplam
Vals	Yanliş
Variabele	Değişken
Vereenvoudigen	Basitleştir
Vergelijking	Denklem

Antarctica
Antarktika

Baai	Koy
Behoud	Koruma
Continent	Kita
Eilanden	Adalar
Expeditie	Sefer
Geografie	Coğrafya
Gletsjers	Buzullar
Ijs	Buz
Migratie	Göç
Mineralen	Mineraller
Omgeving	Çevre
Onderzoeker	Araştirmaci
Pinguïn	Penguen
Rotsachtig	Kayalik
Schiereiland	Yarimada
Temperatuur	Sicaklik
Topografie	Topoğrafya
Water	Su
Wetenschappelijk	Bilimsel
Wolken	Bulutlar

Antiek
Antikacılar

Authentiek	Otantik
Beeldhouwwerk	Heykel
Decoratief	Dekoratif
Eeuw	Yüzyil
Elegant	Zarif
Galerij	Galeri
Investering	Yatirim
Kunst	Sanat
Kwaliteit	Kalite
Meubilair	Mobilya
Munten	Sikke
Ongewoon	Olağan Dişi
Oud	Yaş
Prijs	Fiyat
Restauratie	Restorasyon
Sieraden	Taki
Stijl	Tarz
Voorwaarde	Şart
Waarde	Değer

Archeologie
Arkeoloji

Analyse	Analiz
Beschaving	Medeniyet
Botten	Kemikler
Deskundige	Uzman
Evaluatie	Değerlendirme
Fossiel	Fosil
Fragmenten	Parça
Graf	Mezar
Mysterie	Gizem
Nakomeling	Döl
Objecten	Nesne
Onbekend	Bilinmeyen
Onderzoeker	Araştirmaci
Professor	Profesör
Relikwie	Kalinti
Team	Takim
Tempel	Tapinak
Tijdperk	Çağ
Vergeten	Unutulmuş

Astronomie
Astronomi

Aarde	Toprak
Astronaut	Astronot
Astronoom	Astronom
Dierenriem	Zodyak
Equinox	Ekinoks
Hemel	Gökyüzü
Maan	Ay
Meteoor	Meteor
Nevel	Bulutsu
Observatorium	Rasathane
Planeet	Gezegen
Raket	Roket
Satelliet	Uydu
Ster	Yildiz
Sterrenbeeld	Takimyildiz
Straling	Radyasyon
Telescoop	Teleskop
Universum	Evren
Verduistering	Tutulma
Zwaartekracht	Yerçekimi

Avontuur
Macera

Bestemming	Hedef
Enthousiasme	Heves
Excursie	Gezi
Gevaarlijk	Tehlikeli
Kans	Şans
Moed	Cesaret
Moeilijkheid	Zorluk
Natuur	Doğa
Navigatie	Sefer
Nieuw	Yeni
Ongewoon	Olağan Dişi
Reisplan	Güzergah
Reizen	Seyahatler
Schoonheid	Güzellik
Uitdagingen	Zorluklar
Veiligheid	Emniyet
Verrassend	Şaşirtici
Voorbereiding	Hazirlik
Vreugde	Sevinç
Vrienden	Arkadaşlar

Ballet
Bale

Applaus	Alkiş
Artistiek	Sanatsal
Ballerina	Balerin
Choreografie	Koreografi
Componist	Besteci
Dansers	Dansçilar
Expressief	Anlamli
Gebaar	Jest
Intensiteit	Yoğunluk
Muziek	Müzik
Orkest	Orkestra
Publiek	Seyirci
Repetitie	Prova
Ritme	Ritim
Sierlijk	Zarif
Solo	Solo
Spieren	Kaslar
Stijl	Tarz
Techniek	Teknik
Vaardigheid	Beceri

Barbecues
Barbeküler

Familie	Aile
Fruit	Meyve
Grill	Izgara
Groente	Sebzeler
Heet	Sicak
Honger	Açlik
Kinderen	Çocuklar
Kip	Tavuk
Messen	Biçak
Muziek	Müzik
Peper	Biber
Salades	Salatalar
Saus	Sos
Tomaten	Domatesler
Uien	Soğan
Uitnodiging	Davet
Voedsel	Gida
Vorken	Çatallar
Zomer	Yaz
Zout	Tuz

Beroepen #1
Meslekler #1

Advocaat	Avukat
Ambassadeur	Büyükelçi
Apotheker	Eczaci
Astronoom	Astronom
Atleet	Atlet
Bankier	Bankaci
Brandweerman	Itfaiyeci
Cartograaf	Haritaci
Danser	Dansçi
Dierenarts	Veteriner
Dokter	Doktor
Editor	Editör
Geoloog	Jeolog
Jager	Avci
Juwelier	Kuyumcu
Loodgieter	Tesisatçi
Muzikant	Müzisyen
Pianist	Piyanist
Psycholoog	Psikolog
Verpleegster	Hemşire

Beroepen #2
Meslekler #2

Arts	Doktor
Astronaut	Astronot
Bibliothecaris	Kütüphane
Bioloog	Biyolog
Boer	Çiftçi
Chirurg	Cerrah
Detective	Dedektif
Filosoof	Filozof
Fotograaf	Fotoğrafçi
Illustrator	Çizer
Ingenieur	Mühendis
Journalist	Gazeteci
Leraar	Öğretmen
Linguïst	Dilbilimci
Onderzoeker	Araştirmaci
Piloot	Pilot
Schilder	Ressam
Tandarts	Dişçi
Tuinman	Bahçivan
Uitvinder	Mucit

Bijen
Arılar

Bestuiver	Tozlayici
Bijenkorf	Kovan
Bloemen	Çiçekler
Bloesem	Çiçek
Diversiteit	Çeşitlilik
Ecosysteem	Ekosistem
Fruit	Meyve
Honing	Bal
Insect	Böcek
Koningin	Kraliçe
Planten	Bitkiler
Rook	Duman
Stuifmeel	Polen
Tuin	Bahçe
Vleugels	Kanatlar
Voedsel	Gida
Voordelig	Faydali
Was	Balmumu
Zon	Güneş
Zwerm	Sürü

Bijvoeglijke Naamwoorden
Sıfatlar #1

Aantrekkelijk	Çekici
Actief	Etkin
Ambitieus	Hirsli
Aromatisch	Aromatik
Artistiek	Sanatsal
Belangrijk	Önemli
Diep	Derin
Donker	Karanlik
Dun	Ince
Eerlijk	Dürüst
Exotisch	Egzotik
Identiek	Özdeş
Jong	Genç
Lang	Uzun
Langzaam	Yavaş
Modern	Modern
Onschuldig	Masum
Perfect	Kusursuz
Waardevol	Değerli
Zwaar	Ağir

Bijvoeglijke Naamwoorden
Sıfatlar #2

Authentiek	Otantik
Begaafd	Yetenekli
Beschrijvend	Açiklayici
Creatief	Yaratici
Dramatisch	Dramatik
Gezond	Sağlikli
Hongerig	Aç
Interessant	Enteresan
Moe	Yorgun
Natuurlijk	Doğal
Nieuw	Yeni
Normaal	Normal
Productief	Üretken
Slaperig	Uykulu
Sterk	Güçlü
Trots	Gururlu
Verantwoordelijk	Sorumlu
Wild	Vahşi
Zout	Tuzlu
Zuiver	Saf

Biologie
Biyoloji

Ademhaling	Solunum
Anatomie	Anatomi
Cel	Hücre
Chromosoom	Kromozom
Collageen	Kolajen
Eiwit	Protein
Embryo	Embriyo
Enzym	Enzim
Evolutie	Evrim
Fotosynthese	Fotosentez
Hormoon	Hormon
Mutatie	Mutasyon
Natuurlijk	Doğal
Neuron	Nöron
Osmose	Ozmos
Reptiel	Sürüngen
Symbiose	Symbiosis
Synaps	Sinaps
Zenuw	Sinir
Zoogdier	Memeli

Bloemen
Çiçekler

Bloemblad	Yaprak
Boeket	Buket
Gardenia	Gardenya
Hibiscus	Ebegümeci
Jasmijn	Yasemin
Klaver	Yonca
Lavendel	Lavanta
Lelie	Zambak
Madeliefje	Papatya
Magnolia	Manolya
Narcis	Nergis
Orchidee	Orkide
Paardebloem	Karahindiba
Papaver	Haşhaş
Passiebloem	Çarkifelek
Pioenroos	Şakayik
Plumeria	Plumeria
Roos	Gül
Tulp	Lale
Zonnebloem	Ayçiçeği

Boeken
Kitaplar

Auteur	Yazar
Avontuur	Macera
Bladzijde	Sayfa
Collectie	Koleksiyon
Context	Bağlam
Dualiteit	İkilik
Episch	Destan
Geschreven	Yazili
Historisch	Tarih
Humoristisch	Mizahi
Inventief	Yaratici
Karakter	Karakter
Lezer	Okuyucu
Literair	Edebî
Poëzie	Şiir
Relevant	İlgili
Roman	Roman
Tragisch	Trajik
Verhaal	Öykü
Verteller	Anlatici

Boerderij #1
Çiftlik #1

Bij	Ari
Ezel	Eşek
Geit	Keçi
Hek	Çit
Hond	Köpek
Honing	Bal
Hooi	Saman
Kalf	Buzaği
Kat	Kedi
Kip	Tavuk
Koe	İnek
Kraai	Karga
Kudde	Sürü
Landbouw	Tarim
Mest	Gübre
Paard	At
Rijst	Pirinç
Veld	Alan
Water	Su
Zaden	Tohum

Boerderij #2
Çiftlik #2

Bijenkorf	Kovan
Boer	Çiftçi
Boomgaard	Bahçe
Dieren	Hayvanlar
Eend	Ördek
Fruit	Meyve
Gerst	Arpa
Groente	Sebze
Herder	Çoban
Irrigatie	Sulama
Lam	Kuzu
Lama	Lama
Maïs	Misir
Melk	Süt
Schaap	Koyun
Schuur	Ahir
Tarwe	Buğday
Tractor	Traktör
Voedsel	Gida
Weide	Çayir

Boksen
Kutulama

Elleboog	Dirsek
Focus	Odak
Handschoenen	Eldivenler
Herstel	Kurtarma
Hoek	Köşe
Kin	Çene
Klok	Zil
Kracht	Kuvvet
Lichaam	Vücut
Scheidsrechter	Hakem
Schoppen	Tekmelemek
Snel	Hizli
Tegenstander	Rakip
Touwen	Halat
Uitgeput	Yorgun
Vaardigheid	Beceri
Vechter	Savaşçi
Vuist	Yumruk

Boten
Tekneler

Anker	Çapa
Bemanning	Mürettebat
Boei	Şamandira
Dok	Dok
Golven	Dalgalar
Jacht	Yat
Kano	Kano
Maritiem	Denizcilik
Mast	Direk
Matroos	Denizci
Meer	Göl
Motor	Motor
Nautisch	Deniz
Oceaan	Okyanus
Rivier	Nehir
Touw	Ip
Veerboot	Feribot
Vlot	Sal
Zee	Deniz
Zeilboot	Yelkenli

Camping
Kamp Yapmak

Avontuur	Macera
Berg	Dağ
Bomen	Ağaçlar
Bos	Orman
Brand	Ateş
Cabine	Kabin
Dieren	Hayvanlar
Hangmat	Hamak
Hoed	Şapka
Insect	Böcek
Jacht	Avcilik
Kaart	Harita
Kano	Kano
Kompas	Pusula
Lantaarn	Fener
Maan	Ay
Meer	Göl
Natuur	Doğa
Tent	Çadir
Touw	Ip

Chemie
Kimya

Alkalisch	Alkali
Chloor	Klor
Elektron	Elektron
Enzym	Enzim
Gas	Gaz
Gewicht	Ağirlik
Ion	İyon
Katalysator	Katalizör
Koolstof	Karbon
Metalen	Metal
Molecuul	Molekül
Organisch	Organik
Reactie	Reaksiyon
Temperatuur	Sicaklik
Vloeistof	Sivi
Warmte	Isi
Waterstof	Hidrojen
Zout	Tuz
Zuur	Asit
Zuurstof	Oksijen

Chocolade
Çikolatalı

Antioxidant	Antioksidan
Aroma	Aroma
Artisanaal	Zanaat
Bitter	Aci
Cacao	Kakao
Calorieën	Kalori
Eten	Yemek
Exotisch	Egzotik
Favoriet	Favori
Heerlijk	Lezzetli
Ingrediënt	Içerik
Karamel	Karamel
Kwaliteit	Kalite
Poeder	Toz
Smaak	Lezzet
Suiker	Şeker
Verlangen	Özlem
Zoet	Tatli

Dagen en Maanden
Günler ve Aylar

Augustus	Ağustos
Dinsdag	Sali
Donderdag	Perşembe
Februari	Şubat
Jaar	Yil
Januari	Ocak
Juli	Temmuz
Juni	Haziran
Kalender	Takvim
Maand	Ay
Maandag	Pazartesi
Maart	Mart
November	Kasim
Oktober	Ekim
September	Eylül
Vrijdag	Cuma
Week	Hafta
Woensdag	Çarşamba
Zaterdag	Cumartesi
Zondag	Pazar

Dans
Dans

Academie	Akademi
Beweging	Hareket
Blij	Neşeli
Choreografie	Koreografi
Cultureel	Kültürel
Cultuur	Kültür
Emotie	Duygu
Expressief	Anlamli
Genade	Lütuf
Houding	Duruş
Klassiek	Klasik
Kunst	Sanat
Lichaam	Vücut
Muziek	Müzik
Partner	Ortak
Repetitie	Prova
Ritme	Ritim
Traditioneel	Geleneksel
Visueel	Görsel

Diplomatie
Diplomasi

Adviseur	Danişman
Ambassade	Elçilik
Ambassadeur	Büyükelçi
Buitenlands	Yabanci
Burgers	Vatandaşlar
Conflict	Çekişme
Diplomatiek	Diplomatik
Discussie	Tartişma
Ethiek	Etik
Gemeenschap	Topluluk
Gerechtigheid	Adalet
Humanitair	İnsani
Integriteit	Bütünlük
Oplossing	Çözüm
Politiek	Siyaset
Regering	Hükümet
Samenwerking	İşbirliği
Talen	Diller
Veiligheid	Güvenlik
Verdrag	Antlaşma

Emoties
Duygular

Angst	Korku
Dankbaar	Minnettar
Droefheid	Üzüntü
Gelukzaligheid	Mutluluk
Kalm	Sakin
Liefde	Aşk
Ontspannen	Rahat
Opgewonden	Heyecanli
Opluchting	Rahatlama
Rust	Huzur
Sympathie	Sempati
Tederheid	Hassasiyet
Tevreden	Memnun
Verrassing	Sürpriz
Verveling	Sikinti
Vrede	Bariş
Vreugde	Sevinç
Vriendelijkheid	Nezaket
Woede	Öfke

Energie
Enerji

Accu	Pil
Benzine	Benzin
Brandstof	Yakit
Diesel	Mazot
Elektrisch	Elektrik
Elektron	Elektron
Entropie	Entropi
Foton	Foton
Hernieuwbaar	Yenilenebilir
Industrie	Endüstri
Koolstof	Karbon
Motor	Motor
Nucleair	Nükleer
Omgeving	Çevre
Stoom	Buhar
Turbine	Türbin
Vervuiling	Kirlilik
Warmte	Isi
Waterstof	Hidrojen
Wind	Rüzgar

Engineering
Mühendislik

As	Eksen
Berekening	Hesaplama
Beweging	Hareket
Diagram	Diyagram
Diameter	Çap
Diepte	Derinlik
Diesel	Mazot
Dimensies	Boyutlar
Distributie	Dağitim
Energie	Enerji
Hoek	Açi
Kracht	Kuvvet
Machine	Makine
Meting	Ölçüm
Motor	Motor
Rotatie	Rotasyon
Stabiliteit	Sebat
Structuur	Yapi
Vloeistof	Sivi
Wrijving	Sürtünme

Eten #1
Yemek #1

Aardbei	Çilek
Abrikoos	Kayisi
Basilicum	Fesleğen
Citroen	Limon
Gerst	Arpa
Kaneel	Tarçin
Knoflook	Sarimsak
Melk	Süt
Peer	Armut
Pinda	Fistik
Salade	Salata
Sap	Meyve Suyu
Soep	Çorba
Spinazie	Ispanak
Suiker	Şeker
Tonijn	Balik
Ui	Soğan
Vlees	Et
Wortel	Havuç
Zout	Tuz

Eten #2
Yemek #2

Amandel	Badem
Ananas	Ananas
Appel	Elma
Asperge	Kuşkonmaz
Aubergine	Patlican
Banaan	Muz
Broccoli	Brokoli
Brood	Ekmek
Druif	Üzüm
Ei	Yumurta
Ham	Jambon
Kaas	Peynir
Kip	Tavuk
Kiwi	Kivi
Perzik	Şeftali
Rijst	Pirinç
Tarwe	Buğday
Tomaat	Domates
Vis	Balik
Yoghurt	Yoğurt

Ethiek
Etik

Altruïsme	Özgecilik
Diplomatiek	Diplomatik
Eerbiedig	Saygili
Eerlijkheid	Dürüstlük
Filosofie	Felsefe
Geduld	Sabir
Individualisme	Bireycilik
Integriteit	Bütünlük
Mededogen	Merhamet
Mensheid	İnsanlik
Optimisme	Iyimserlik
Rationaliteit	Rasyonalite
Realisme	Gerçekçilik
Redelijk	Makul
Samenwerking	İşbirliği
Tolerantie	Tolerans
Vriendelijkheid	Nezaket
Waarden	Değerler
Waardigheid	Haysiyet
Wijsheid	Bilgelik

Familie
Aile

Broer	Erkek Kardeş
Dochter	Kiz Evlat
Grootmoeder	Büyükanne
Jeugd	Çocukluk
Kind	Çocuk
Kinderen	Çocuklar
Kleinkind	Torun
Kleinzoon	Erkek Torun
Man	Koca
Moeder	Anne
Neef	Erkek Yeğen
Nicht	Yeğen
Oom	Amca
Opa	Büyük Baba
Tante	Teyze
Tweeling	İkizler
Vader	Baba
Voorouder	Ata
Vrouw	Kadin Eş
Zus	Kiz Kardeş

Fruit
Meyve

Abrikoos	Kayisi
Ananas	Ananas
Appel	Elma
Avocado	Avokado
Banaan	Muz
Bes	Dut
Citroen	Limon
Druif	Üzüm
Framboos	Ahududu
Kers	Kiraz
Kiwi	Kivi
Mango	Mango
Meloen	Kavun
Nectarine	Nektar
Oranje	Turuncu
Papaja	Papaya
Peer	Armut
Perzik	Şeftali
Pruim	Erik
Vijg	İncir

Gebouwen
Site

Ambassade	Elçilik
Appartement	Apartman
Bioscoop	Sinema
Boerderij	Çiftlik
Cabine	Kabin
Fabriek	Fabrika
Hotel	Otel
Kasteel	Kale
Laboratorium	Laboratuvar
Museum	Müze
Observatorium	Rasathane
School	Okul
Schuur	Ahir
Stadion	Stadyum
Supermarkt	Süpermarket
Tent	Çadir
Theater	Tiyatro
Toren	Kule
Universiteit	Üniversite
Ziekenhuis	Hastane

Geografie
Coğrafya

Atlas	Atlas
Berg	Dağ
Breedtegraad	Enlem
Continent	Kita
Eiland	Ada
Evenaar	Ekvator
Halfrond	Yarimküre
Hoogte	Rakim
Kaart	Harita
Land	Ülke
Meridiaan	Meridyen
Noorden	Kuzey
Oceaan	Okyanus
Regio	Bölge
Rivier	Nehir
Stad	Kent
Wereld	Dünya
Westen	Bati
Zee	Deniz
Zuiden	Güney

Geologie
Jeoloji

Aardbeving	Deprem
Calcium	Kalsiyum
Continent	Kita
Erosie	Erozyon
Fossiel	Fosil
Geiser	Gayzer
Gesmolten	Dökme
Grot	Mağara
Koraal	Mercan
Kristallen	Kristaller
Kwarts	Kuvars
Laag	Katman
Lava	Lav
Plateau	Yayla
Stalactiet	Sarkit
Steen	Taş
Vulkaan	Volkan
Zone	Bölge
Zout	Tuz
Zuur	Asit

Geometrie
Geometri

Berekening	Hesaplama
Cirkel	Daire
Curve	Eğri
Diameter	Çap
Dimensie	Boyut
Driehoek	Üçgen
Hoek	Açi
Hoogte	Yükseklik
Horizontaal	Yatay
Logica	Mantik
Massa	Kitle
Mediaan	Medyan
Oppervlak	Yüzey
Parallel	Koşut
Segment	Bölüm
Symmetrie	Simetri
Theorie	Teori
Vergelijking	Denklem
Verticaal	Dikey
Vierkant	Kare

Getallen
Şiir

Acht	Sekiz
Achttien	Onsekiz
Dertien	On Üç
Drie	Üç
Een	Bir
Negen	Dokuz
Negentien	On Dokuz
Nul	Sifir
Tien	On
Twaalf	On Iki
Twee	2
Twintig	Yirmi
Veertien	On Dört
Vier	Dört
Vijf	Beş
Wiskunde	Matematik
Zes	Alti
Zestien	On Alti
Zeven	Yedi
Zeventien	On Yedi

Gezondheid en Welzijn #1
Sağlık ve Zindelik #1

Actief	Etkin
Apotheek	Eczane
Bacteriën	Bakteri
Behandeling	Tedavi
Breuk	Kirik
Dokter	Doktor
Gewoonte	Alişkanlik
Honger	Açlik
Hoogte	Yükseklik
Hormonen	Hormon
Huid	Cilt
Kliniek	Klinik
Letsel	Yaralanma
Medicijn	İlaç
Ontspanning	Rahatlama
Reflex	Refleks
Spieren	Kaslar
Therapie	Terapi
Virus	Virüs
Zenuwen	Sinirler

Gezondheid en Welzijn #2
Sağlık ve Zindelik #2

Allergie	Alerji
Anatomie	Anatomi
Bloed	Kan
Calorie	Kalori
Dieet	Diyet
Energie	Enerji
Genetica	Genetik
Gewicht	Ağirlik
Gezond	Sağlikli
Herstel	Kurtarma
Hygiëne	Hijyen
Infectie	Enfeksiyon
Lichaam	Vücut
Massage	Masaj
Spijsvertering	Sindirim
Stress	Stres
Vitamine	Vitamini
Voeding	Beslenme
Ziekenhuis	Hastane
Ziekte	Hastalik

Groenten
Sebzeler

Aardappel	Patates
Artisjok	Enginar
Aubergine	Patlican
Broccoli	Brokoli
Erwt	Bezelye
Gember	Zencefil
Knoflook	Sarimsak
Komkommer	Salatalik
Olijf	Zeytin
Paddestoel	Mantar
Peterselie	Maydanoz
Pompoen	Kabak
Raap	Şalgam
Radijs	Turp
Salade	Salata
Selderij	Kereviz
Spinazie	Ispanak
Tomaat	Domates
Ui	Soğan
Wortel	Havuç

Haartypes
Saç Tipleri

Blond	Sarişin
Bruin	Kahverengi
Dik	Kalin
Droog	Kuru
Dun	Ince
Gekleurd	Renkli
Gevlochten	Örgülü
Gezond	Sağlikli
Glad	Düz
Glimmend	Parlak
Golvend	Dalgali
Grijs	Gri
Kaal	Kel
Kort	Kisa
Krullend	Kivircik
Lang	Uzun
Wit	Beyaz
Zacht	Yumuşak
Zilver	Gümüş
Zwart	Siyah

Herbalisme
Bitkicilik

Aromatisch	Aromatik
Basilicum	Fesleğen
Bloem	Çiçek
Culinair	Mutfak
Dille	Dereotu
Dragon	Tarhun
Groen	Yeşil
Ingrediënt	Içerik
Knoflook	Sarimsak
Koriander	Kişniş
Kwaliteit	Kalite
Lavendel	Lavanta
Marjolein	Mercanköşk
Peterselie	Maydanoz
Rozemarijn	Biberiye
Saffraan	Safran
Smaak	Lezzet
Tijm	Kekik
Tuin	Bahçe
Venkel	Rezene

Het Bedrijf
Şirket

Beslissing	Karar
Creatief	Yaratici
Eenheden	Birimler
Globaal	Küresel
Industrie	Endüstri
Inkomsten	Gelir
Innovatief	Yenilikçi
Investering	Yatirim
Kwaliteit	Kalite
Loon	Ücretler
Mogelijkheid	Olasilik
Presentatie	Sunum
Product	Ürün
Professioneel	Profesyonel
Reputatie	Itibar
Risico'S	Riskler
Vooruitgang	Ilerleme
Werkgelegenheid	Iş

Huis
Ev

Bezem	Süpürge
Bibliotheek	Kütüphane
Dak	Çati
Deur	Kapi
Douche	Duş
Garage	Garaj
Haard	Şömine
Hek	Çit
Kamer	Oda
Kelder	Bodrum
Keuken	Mutfak
Lamp	Lamba
Meubilair	Mobilya
Muur	Duvar
Plafond	Tavan
Schoorsteen	Baca
Slaapkamer	Yatak Odasi
Spiegel	Ayna
Tapijt	Kilim
Tuin	Bahçe

Installaties
Bitkiler

Bamboe	Bambu
Bes	Dut
Blad	Yaprak
Bloem	Çiçek
Boom	Ağaç
Boon	Fasulye
Bos	Orman
Cactus	Kaktüs
Flora	Flora
Gebladerte	Yeşillik
Gras	Çimen
Klimop	Sarmaşik
Kruid	Ot
Mest	Gübre
Mos	Yosun
Plantkunde	Botanik
Struik	Çali
Tuin	Bahçe
Vegetatie	Bitki Örtüsü
Wortel	Kök

Jazz
Cazcı

Album	Albüm
Applaus	Alkiş
Artiest	Sanatçi
Beroemd	Ünlü
Componist	Besteci
Concert	Konser
Genre	Tür
Improvisatie	Doğaçlama
Invloed	Etkiler
Lied	Şarki
Muziek	Müzik
Nadruk	Vurgu
Nieuw	Yeni
Orkest	Orkestra
Oud	Yaş
Ritme	Ritim
Samenstelling	Kompozisyon
Stijl	Tarz
Talent	Yetenek
Techniek	Teknik

Keuken
Mutfak

Cup	Bardak
Eten	Yemek
Grill	Izgara
Ketel	Kazan
Koelkast	Buzdolabi
Kom	Tas
Kruik	Sürahi
Lepels	Kaşik
Messen	Biçak
Oven	Firin
Pollepel	Kepçe
Pot	Kavanoz
Schort	Önlük
Servet	Peçete
Specerijen	Baharat
Spons	Sünger
Voedsel	Gida
Vorken	Çatallar
Vriezer	Dondurucu

Kleding
Giyim

Armband	Bilezik
Blouse	Bluz
Broek	Pantolon
Handschoenen	Eldivenler
Hoed	Şapka
Jasje	Ceket
Jeans	Kot
Jurk	Elbise
Ketting	Kolye
Mode	Moda
Pyjama	Pijama
Riem	Kemer
Rok	Etek
Sandalen	Sandalet
Schoen	Ayakkabi
Schort	Önlük
Shirt	Gömlek
Sjaal	Eşarp
Sokken	Çorap
Trui	Kazak

Kracht en Zwaartekracht
Kuvvet ve Yerçekimi

Afstand	Mesafe
As	Eksen
Baan	Yörünge
Beweging	Hareket
Centrum	Merkez
Druk	Basinç
Dynamisch	Dinamik
Eigendommen	Özellikler
Gewicht	Ağirlik
Magnetisme	Manyetizma
Mechanica	Mekanik
Natuurkunde	Fizik
Omvang	Büyüklük
Ontdekking	Keşif
Planeten	Gezegenler
Snelheid	Hiz
Tijd	Zaman
Uitbreiding	Genişleme
Universeel	Evrensel
Wrijving	Sürtünme

Kunstbenodigdheden
Sanat Malzemeleri

Acryl	Akrilik
Aquarellen	Suluboya
Borstels	Firçalar
Camera	Kamera
Creativiteit	Yaraticilik
Ezel	Şövale
Gom	Silgi
Ideeën	Fikirler
Inkt	Mürekkep
Klei	Kil
Kleuren	Renk
Lijm	Tutkal
Olie	Yağ
Papier	Kâğit
Pastel	Pastel
Potloden	Kalemler
Stoel	Sandalye
Tafel	Masa
Water	Su

Landen #1
Ülkeler #1

België	Belçika
Brazilië	Brezilya
Cambodja	Kamboçya
Canada	Kanada
Chili	Şili
Duitsland	Almanya
Egypte	Misir
Irak	Irak
Israël	İsrail
Italië	İtalya
Letland	Letonya
Libië	Libya
Marokko	Fas
Nicaragua	Nikaragua
Noorwegen	Norveç
Panama	Panama
Polen	Polonya
Roemenië	Romanya
Senegal	Senegal
Spanje	İspanya

Landen #2
Ülkeler #2

Denemarken	Danimarka
Ethiopië	Etiyopya
Frankrijk	Fransa
Griekenland	Yunanistan
Ierland	İrlanda
Indonesië	Endonezya
Japan	Japonya
Kenia	Kenya
Laos	Laos
Libanon	Lübnan
Liberia	Liberya
Maleisië	Malezya
Mexico	Meksika
Nepal	Nepal
Nigeria	Nijerya
Oeganda	Uganda
Oekraïne	Ukrayna
Rusland	Rusya
Somalië	Somali
Syrië	Suriye

Landschappen
Manzaralar

Berg	Dağ
Eiland	Ada
Geiser	Gayzer
Gletsjer	Buzul
Grot	Mağara
Heuvel	Tepe
Ijsberg	Buzdaği
Meer	Göl
Moeras	Bataklik
Oase	Vaha
Oceaan	Okyanus
Rivier	Nehir
Schiereiland	Yarimada
Strand	Plaj
Toendra	Tundra
Vallei	Vadi
Vulkaan	Volkan
Waterval	Şelale
Woestijn	Çöl
Zee	Deniz

Literatuur
Edebiyat

Analogie	Analoji
Analyse	Analiz
Anekdote	Anekdot
Auteur	Yazar
Biografie	Biyografi
Conclusie	Sonuç
Dialoog	Diyalog
Fictie	Kurgu
Gedicht	Şiir
Mening	Görüş
Metafoor	Mecaz
Poëtisch	Şiirsel
Rijm	Kafiye
Ritme	Ritim
Roman	Roman
Stijl	Tarz
Thema	Tema
Tragedie	Trajedi
Vergelijking	Karşilaştirma
Verteller	Anlatici

Meditatie
Meditasyon

Aanvaarding	Kabul
Ademhaling	Nefes Alma
Beweging	Hareket
Dankbaarheid	Minnettarlik
Emoties	Duygular
Gedachten	Düşünceler
Geluk	Mutluluk
Helderheid	Açiklik
Houding	Duruş
Kalm	Sakin
Mededogen	Merhamet
Mentaal	Zihinsel
Muziek	Müzik
Natuur	Doğa
Observatie	Gözlem
Perspectief	Perspektif
Stilte	Sessizlik
Vrede	Bariş
Vriendelijkheid	Nezaket
Wakker	Uyanik

Meer Informatie
Bilim Kurgu

Bioscoop	Sinema
Boeken	Kitaplar
Brand	Ateş
Denkbeeldig	Hayali
Explosie	Patlama
Extreem	Aşiri
Fantastisch	Fantastik
Futuristisch	Fütüristik
Illusie	Yanilsama
Klonen	Klonlar
Mysterieus	Gizemli
Orakel	Kehanet
Planeet	Gezegen
Realistisch	Gerçekçi
Robots	Robotlar
Scenario	Senaryo
Sterrenstelsel	Gökada
Technologie	Teknoloji
Utopie	Ütopya
Wereld	Dünya

Menselijk Lichaam
İnsan Vücudu

Been	Bacak
Bloed	Kan
Elleboog	Dirsek
Enkel	Ayak Bileği
Hand	El
Hart	Kalp
Hersenen	Beyin
Hoofd	Baş
Huid	Cilt
Kin	Çene
Knie	Diz
Maag	Mide
Mond	Ağiz
Nek	Boyun
Neus	Burun
Oog	Göz
Oor	Kulak
Schouder	Omuz
Tong	Dil
Vinger	Parmak

Metingen
Ölçümler

Breedte	Genişlik
Byte	Bayt
Centimeter	Santimetre
Decimaal	Ondalik
Diepte	Derinlik
Gewicht	Ağirlik
Gram	Gram
Hoogte	Yükseklik
Inch	İnç
Kilogram	Kilogram
Kilometer	Kilometre
Lengte	Uzunluk
Liter	Litre
Massa	Kitle
Meter	Metre
Minuut	Dakika
Ons	Ons
Pint	Pint
Ton	Ton
Volume	Hacim

Mode
Moda

Afmetingen	Ölçüm
Bescheiden	Mütevazi
Borduurwerk	Nakiş
Comfortabel	Rahat
Duur	Pahali
Elegant	Zarif
Kant	Dantel
Knop	Düğme
Minimalistisch	Minimalist
Modern	Modern
Origineel	Asil
Patroon	Desen
Praktisch	Pratik
Stijl	Tarz
Stof	Kumaş
Textuur	Doku
Trend	Akim
Winkel	Butik

Muziek
Müzik

Album	Albüm
Eclectisch	Eklektik
Harmonie	Ahenk
Harmonisch	Harmonik
Improviseren	Doğaçlama
Instrument	Enstrüman
Klassiek	Klasik
Koor	Koro
Lyrisch	Lirik
Melodie	Melodi
Microfoon	Mikrofon
Muzikaal	Müzikal
Muzikant	Müzisyen
Opera	Opera
Opname	Kayit
Poëtisch	Şiirsel
Ritme	Ritim
Ritmisch	Ritmik
Tempo	Tempo
Zanger	Şarkici

Muziekinstrumenten
Enstrüman

Banjo	Banço
Cello	Çello
Fagot	Fagot
Fluit	Flüt
Gitaar	Gitar
Gong	Gong
Harp	Arp
Hobo	Obua
Klarinet	Klarnet
Mandoline	Mandolin
Marimba	Marimba
Percussie	Vurma
Piano	Piyano
Saxofoon	Saksafon
Tamboerijn	Tef
Trombone	Trombon
Trommel	Davul
Trompet	Trompet
Viool	Keman

Mythologie
Mitoloji

Archetype	Numune
Bliksem	Yildirim
Creatie	Yaratiliş
Cultuur	Kültür
Donder	Gök Gürültüsü
Doolhof	Labirent
Gedrag	Davraniş
Held	Kahraman
Hemel	Cennet
Jaloezie	Kiskançlik
Kracht	Kuvvet
Krijger	Savaşçi
Legende	Efsane
Magisch	Büyülü
Monster	Canavar
Onsterfelijkheid	Ölümsüzlük
Ramp	Felaket
Sterfelijk	Ölümlü
Wezen	Yaratik
Wraak	Intikam

Natuur
Doğa

Arctisch	Arktik
Bergen	Dağlar
Bijen	Arlar
Bos	Orman
Dieren	Hayvanlar
Dynamisch	Dinamik
Erosie	Erozyon
Gebladerte	Yeşillik
Gletsjer	Buzul
Heiligdom	Barinak
Mist	Sis
Rivier	Nehir
Rustig	Huzurlu
Schoonheid	Güzellik
Sereen	Sakin
Tropisch	Tropikal
Vitaal	Hayati
Wild	Vahşi
Woestijn	Çöl
Wolken	Bulutlar

Natuurkunde
Fizikçi

Atoom	Atom
Chaos	Kaos
Chemisch	Kimyasal
Deeltje	Partikül
Dichtheid	Yoğunluk
Elektron	Elektron
Experiment	Deney
Formule	Formül
Frequentie	Siklik
Gas	Gaz
Magnetisme	Manyetizma
Massa	Kitle
Mechanica	Mekanik
Molecuul	Molekül
Motor	Motor
Relativiteit	Görelilik
Snelheid	Hiz
Universeel	Evrensel
Versnelling	Hizlanma
Zwaartekracht	Yerçekimi

Oceaan
Okyanus

Aal	Yilan Baliği
Algen	Yosun
Boot	Bot
Dolfijn	Yunus
Garnaal	Karides
Getijden	Gelgit
Golven	Dalgalar
Haai	Köpekbaliği
Koraal	Mercan
Krab	Yengeç
Kwal	Denizanasi
Octopus	Ahtapot
Oester	İstiridye
Rif	Resif
Schildpad	Kaplumbağa
Spons	Sünger
Storm	Firtina
Vis	Balik
Walvis	Balina
Zout	Tuz

Overheid
Devlet

Burgerschap	Vatandaşlik
Civiel	Sivil
Democratie	Demokrasi
Discussie	Tartişma
Gelijkheid	Eşitlik
Gerechtelijk	Adli
Gerechtigheid	Adalet
Grondwet	Anayasa
Leider	Lider
Monument	Anit
Natie	Ulus
Nationaal	Ulusal
Politiek	Siyaset
Rechten	Haklar
Staat	Devlet
Symbool	Sembol
Toespraak	Konuşma
Vrijheid	Özgürlük
Wet	Kanun
Wijk	Bölge

Politiek
Siyaset

Activist	Aktivist
Belastingen	Vergi
Beleid	Politika
Campagne	Kampanya
Comité	Komite
Ethiek	Etik
Gelijkheid	Eşitlik
Kandidaat	Aday
Keuze	Seçim
Mening	Görüş
Nationaal	Ulusal
Politicus	Politikaci
Populariteit	Popülerlik
Raad	Konsey
Regering	Hükümet
Strategie	Strateji
Vrijheid	Özgürlük
Zege	Zafer

Psychologie
Psikoloji

Afspraak	Randevu
Beoordeling	Değerlendirme
Bewusteloos	Bilinçsiz
Cognitie	Biliş
Conflict	Çekişme
Dromen	Hayal
Ego	Ego
Emoties	Duygular
Gedachten	Düşünceler
Gedrag	Davraniş
Gevoel	His
Ideeën	Fikirler
Invloed	Etkiler
Jeugd	Çocukluk
Klinisch	Klinik
Perceptie	Algi
Persoonlijkheid	Kişilik
Probleem	Sorun
Realiteit	Gerçeklik
Therapie	Terapi

Restaurant #1
1 Numaralı Restoran

Allergie	Alerji
Bord	Tabak
Brood	Ekmek
Eten	Yemek
Keuken	Mutfak
Kip	Tavuk
Koffie	Kahve
Kom	Tas
Menu	Menü
Mes	Biçak
Pittig	Baharatli
Reservering	Rezervasyon
Saus	Sos
Serveerster	Bayan Garson
Servet	Peçete
Toetje	Tatli
Vlees	Et
Voedsel	Gida

Restaurant #2
Restoran #2

Cake	Kek
Eieren	Yumurta
Fruit	Meyve
Groente	Sebzeler
Heerlijk	Lezzetli
Ijs	Buz
Lepel	Kaşik
Noedels	Erişte
Ober	Garson
Salade	Salata
Soep	Çorba
Specerijen	Baharat
Stoel	Sandalye
Vis	Balik
Voorgerecht	Meze
Vork	Çatal
Water	Su
Zout	Tuz

Rijden
Sürüş

Auto	Araba
Brandstof	Yakit
Garage	Garaj
Gas	Gaz
Gevaar	Tehlike
Kaart	Harita
Licentie	Lisans
Motor	Motor
Motorfiets	Motosiklet
Ongeluk	Kaza
Politie	Polis
Remmen	Frenler
Snelheid	Hiz
Straat	Sokak
Tunnel	Tünel
Veiligheid	Emniyet
Verkeer	Trafik
Voetganger	Yaya
Vrachtauto	Kamyon
Weg	Yol

Schaken
Satranç

Diagonaal	Çapraz
Kampioen	Şampiyon
Koning	Kral
Koningin	Kraliçe
Leren	Öğrenmek
Offer	Kurban
Passief	Pasif
Reglement	Tüzük
Spel	Oyun
Speler	Oyuncu
Strategie	Strateji
Tegenstander	Rakip
Tijd	Zaman
Toernooi	Turnuva
Uitdagingen	Zorluklar
Wedstrijd	Yarişma
Wit	Beyaz
Zwart	Siyah

Schoonheid
Güzellik

Charme	Cazibe
Cosmetica	Kozmetik
Elegant	Zarif
Elegantie	Zarafet
Fotogeniek	Fotojenik
Genade	Lütuf
Geur	Koku
Glad	Düz
Huid	Cilt
Kleur	Renk
Lippenstift	Ruj
Mascara	Maskara
Oliën	Yağlar
Schaar	Makas
Shampoo	Şampuan
Spiegel	Ayna
Stilist	Stilist
Verzinnen	Makyaj

Specerijen
Baharat

Anijs	Anason
Bitter	Aci
Fenegriek	Çemen
Gember	Zencefil
Kaneel	Tarçin
Kardemom	Kakule
Kerrie	Köri
Knoflook	Sarimsak
Komijn	Kimyon
Koriander	Kişniş
Kruidnagel	Karanfil
Nootmuskaat	Ceviz
Paprika	Kirmizi Biber
Saffraan	Safran
Smaak	Lezzet
Ui	Soğan
Vanille	Vanilya
Venkel	Rezene
Zoet	Tatli
Zout	Tuz

Sport
Spor

Atleet	Atlet
Basketbal	Basketbol
Beweging	Hareket
Fiets	Bisiklet
Golf	Golf
Gymnasium	Salon
Gymnastiek	Jimnastik
Hockey	Hokey
Honkbal	Beyzbol
Kampioenschap	Şampiyon
Scheidsrechter	Hakem
Spel	Oyun
Speler	Oyuncu
Stadion	Stadyum
Team	Takim
Tennis	Tenis
Trainer	Koç
Winnaar	Kazanan

Stad
Kasaba

Apotheek	Eczane
Bakkerij	Firin
Bank	Banka
Bibliotheek	Kütüphane
Bioscoop	Sinema
Bloemist	Çiçekçi
Boekhandel	Kitapçi
Galerij	Galeri
Hotel	Otel
Kliniek	Klinik
Luchthaven	Havalimani
Markt	Pazar
Museum	Müze
Restaurant	Restoran
School	Okul
Stadion	Stadyum
Supermarkt	Süpermarket
Theater	Tiyatro
Universiteit	Üniversite
Winkel	Mağaza

Technologie
Teknoloji

Bericht	Mesaj
Bestand	Dosya
Blog	Blog
Browser	Tarayici
Bytes	Bayt
Camera	Kamera
Computer	Bilgisayar
Cursor	İmleç
Digitaal	Dijital
Gegevens	Veri
Internet	İnternet
Onderzoek	Araştirma
Scherm	Ekran
Software	Yazilim
Statistiek	İstatistik
Veiligheid	Güvenlik
Virtueel	Sanal
Virus	Virüs

Tijd
Zaman

Dag	Gün
Decennium	On Yil
Eeuw	Yüzyil
Gisteren	Dün
Jaar	Yil
Jaarlijks	Yillik
Kalender	Takvim
Maand	Ay
Middag	Öğle
Minuut	Dakika
Morgen	Yarin
Na	Sonra
Nacht	Gece
Nu	Şimdi
Ochtend	Sabah
Toekomst	Gelecek
Uur	Saat
Vandaag	Bugün
Vroeg	Erken
Week	Hafta

Tuin
Bahçe

Bank	Bank
Bloem	Çiçek
Bodem	Toprak
Boom	Ağaç
Garage	Garaj
Gras	Çimen
Hangmat	Hamak
Hark	Tirmik
Hek	Çit
Onkruid	Otlar
Schop	Kürek
Slang	Hortum
Struik	Çali
Terras	Teras
Trampoline	Trambolin
Tuin	Bahçe
Veranda	Veranda
Vijver	Gölet
Wijnstok	Asma

Tuinieren
Bahçıvanlık

Blad	Yaprak
Bloemen	Çiçek
Bodem	Toprak
Boeket	Buket
Boomgaard	Bahçe
Botanisch	Botanik
Compost	Kompost
Container	Konteyner
Eetbaar	Yenilebilir
Exotisch	Egzotik
Gebladerte	Yeşillik
Klimaat	Iklim
Seizoensgebonden	Mevsimlik
Slang	Hortum
Vocht	Nem
Vuil	Kir
Water	Su
Zaden	Tohum

Universum
Evren

Astronomie	Astronomi
Astronoom	Astronom
Atmosfeer	Atmosfer
Baan	Yörünge
Breedtegraad	Enlem
Dierenriem	Zodyak
Duisternis	Karanlik
Evenaar	Ekvator
Halfrond	Yarimküre
Hemel	Gökyüzü
Horizon	Ufuk
Kantelen	Eğme
Kosmisch	Kozmik
Lengtegraad	Boylam
Maan	Ay
Sterrenstelsel	Gökada
Telescoop	Teleskop
Zichtbaar	Görünür
Zonne	Güneş
Zonnewende	Gündönümü

Vakantie #2
Tatil #2

Bergen	Dağlar
Bestemming	Hedef
Buitenlander	Yabanci
Eiland	Ada
Foto'S	Fotoğraflar
Hotel	Otel
Kaart	Harita
Luchthaven	Havalimani
Paspoort	Pasaport
Reis	Seyahat
Restaurant	Restoran
Strand	Plaj
Taxi	Taksi
Tent	Çadir
Trein	Tren
Vervoer	Taşimacilik
Visum	Vize
Vrije Tijd	Boş
Zee	Deniz

Vliegtuigen
Uçaklar

Afdaling	Iniş
Atmosfeer	Atmosfer
Avontuur	Macera
Ballon	Balon
Bemanning	Mürettebat
Bouw	Yapi
Brandstof	Yakit
Geschiedenis	Tarih
Hemel	Gökyüzü
Hoogte	Yükseklik
Lanceren	Başlatmak
Lucht	Hava
Motor	Motor
Ontwerp	Tasarim
Passagier	Yolcu
Piloot	Pilot
Propellers	Pervane
Richting	Yön
Turbulentie	Türbülans
Waterstof	Hidrojen

Voeding
Beslenme

Bitter	Aci
Calorieën	Kalori
Dieet	Diyet
Eetbaar	Yenilebilir
Eetlust	Iştah
Eiwitten	Protein
Evenwichtig	Dengeli
Fermentatie	Fermantasyon
Gewicht	Ağirlik
Gezond	Sağlikli
Gezondheid	Sağlik
Kwaliteit	Kalite
Saus	Sos
Smaak	Lezzet
Specerijen	Baharat
Spijsvertering	Sindirim
Toxine	Toksin
Vitamine	Vitamini
Vloeistoffen	Sivilar
Voedingsstof	Besin

Voertuigen
Araçlar

Ambulance	Ambulans
Auto	Araba
Banden	Lastikler
Bestelwagen	Van
Boot	Bot
Bus	Otobüs
Caravan	Kervan
Fiets	Bisiklet
Helikopter	Helikopter
Metro	Metro
Motor	Motor
Onderzeeër	Denizalti
Raket	Roket
Taxi	Taksi
Tractor	Traktör
Trein	Tren
Veerboot	Feribot
Vliegtuig	Uçak
Vlot	Sal
Vrachtauto	Kamyon

Vogels
Kuşlar

Duif	Güvercin
Eend	Ördek
Ei	Yumurta
Flamingo	Flamingo
Gans	Kaz
Kip	Tavuk
Koekoek	Guguk
Kraai	Karga
Meeuw	Marti
Mus	Serçe
Ooievaar	Leylek
Papegaai	Papağan
Pauw	Tavus
Pelikaan	Pelikan
Pinguïn	Penguen
Reiger	Balikçil
Struisvogel	Devekuşu
Toekan	Tukan
Uil	Baykuş
Zwaan	Kuğu

Vormen
Şekilliler

Bol	Küre
Boog	Ark
Cilinder	Silindir
Cirkel	Daire
Curve	Eğri
Driehoek	Üçgen
Hoek	Köşe
Hyperbool	Hiperbol
Kant	Yan
Kegel	Koni
Kubus	Küp
Lijn	Sira
Ovaal	Oval
Piramide	Piramit
Prisma	Prizma
Randen	Kenarlar
Rechthoek	Dikdörtgen
Ronde	Yuvarlak
Veelhoek	Çokgen
Vierkant	Kare

Wandelen
Yürüyüş

Berg	Dağ
Dieren	Hayvanlar
Gevaren	Tehlikeler
Kaart	Harita
Klif	Uçurum
Klimaat	Iklim
Moe	Yorgun
Natuur	Doğa
Oriëntatie	Oryantasyon
Parken	Parklar
Stenen	Taşlar
Top	Toplanti
Voorbereiding	Hazirlik
Water	Su
Weer	Hava
Wild	Vahşi
Zon	Güneş
Zwaar	Ağir

Weersomstandigheden
Hava

Atmosfeer	Atmosfer
Bewolkt	Bulutlu
Bliksem	Yildirim
Donder	Gök Gürültüsü
Droog	Kuru
Droogte	Kuraklik
Hemel	Gökyüzü
Ijs	Buz
Klimaat	Iklim
Mist	Sis
Moesson	Muson
Overstroming	Sel
Polair	Kutup
Regenboog	Gökkuşaği
Storm	Firtina
Temperatuur	Sicaklik
Tornado	Kasirga
Tropisch	Tropik
Wind	Rüzgâr
Wolk	Bulut

Wetenschap
Bilim

Atoom	Atom
Chemisch	Kimyasal
Deeltjes	Parçaciklar
Evolutie	Evrim
Experiment	Deney
Feit	Gerçek
Fossiel	Fosil
Gegevens	Veri
Hypothese	Hipotez
Klimaat	Iklim
Laboratorium	Laboratuvar
Methode	Yöntem
Mineralen	Mineraller
Moleculen	Molekül
Natuur	Doğa
Natuurkunde	Fizik
Observatie	Gözlem
Organisme	Organizma
Planten	Bitkiler
Zwaartekracht	Yerçekimi

Wetenschappelijke Discip
Bilimsel Disiplinler

Anatomie	Anatomi
Archeologie	Arkeoloji
Astronomie	Astronomi
Biochemie	Biyokimya
Biologie	Biyoloji
Chemie	Kimya
Ecologie	Ekoloji
Fysiologie	Fizyoloji
Geologie	Jeoloji
Immunologie	İmmünoloji
Mechanica	Mekanik
Meteorologie	Meteoroloji
Mineralogie	Mineraloji
Neurologie	Nöroloji
Plantkunde	Botanik
Psychologie	Psikoloji
Robotica	Robotik
Sociologie	Sosyoloji
Thermodynamica	Termodinamik
Voeding	Beslenme

Wiskunde
Matematik

Bol	Küre
Decimaal	Ondalik
Diameter	Çap
Divisie	Bölüm
Driehoek	Üçgen
Exponent	Üs
Fractie	Kesir
Geometrie	Geometri
Hoeken	Açilar
Omtrek	Çevre
Parallel	Koşut
Parallellogram	Paralelkenar
Rechthoek	Dikdörtgen
Rekenkundig	Aritmetik
Som	Toplam
Symmetrie	Simetri
Veelhoek	Çokgen
Vergelijking	Denklem
Vierkant	Kare
Volume	Hacim

Zakelijk
İşletme

Baas	Patron
Bedrijf	Şirket
Begroting	Bütçe
Belastingen	Vergi
Carrière	Kariyer
Economie	Ekonomi
Fabriek	Fabrika
Geld	Para
Inkomen	Gelir
Investering	Yatirim
Kantoor	Ofis
Korting	Indirim
Kosten	Maliyet
Transactie	Işlem
Valuta	Para Birimi
Verkoop	Satiş
Werkgever	Işveren
Werknemer	Çalişan
Winkel	Dükkan
Winst	Kâr

Ziekte
Hastalık

Acuut	Akut
Ademhaling	Solunum
Allergieën	Alerjiler
Bacterieel	Bakteriyel
Besmettelijk	Bulaşici
Botten	Kemikler
Chronisch	Kronik
Erfelijk	Kalitsal
Genetisch	Genetik
Gezondheid	Sağlik
Hart	Kalp
Immuniteit	Bağişiklik
Lichaam	Vücut
Neuropathie	Nöropati
Ontsteking	İltihap
Sinus	Sinüs
Syndroom	Sendrom
Therapie	Terapi
Ziekteverwekkers	Patojenler
Zwak	Zayif

Zoogdieren
Memeliler

Aap	Maymun
Bever	Kunduz
Coyote	Çakal
Dolfijn	Yunus
Ezel	Eşek
Geit	Keçi
Giraf	Zürafa
Gorilla	Goril
Hond	Köpek
Kameel	Deve
Kangoeroe	Kanguru
Kat	Kedi
Konijn	Tavşan
Leeuw	Aslan
Olifant	Fil
Paard	At
Stier	Boğa
Vos	Tilki
Walvis	Balina
Wolf	Kurt

Gefeliciteerd

Je hebt het gehaald!

We hopen dat u net zoveel plezier beleeft aan dit boek als wij aan het maken ervan. We doen ons best om spellen van hoge kwaliteit te maken.
Deze puzzels zijn op een slimme manier ontworpen zodat je actief kunt leren terwijl je plezier hebt!

Vond je ze mooi?

Een Eenvoudig Verzoek

Onze boeken bestaan dankzij de recensies die zij publiceren.
Kunt u ons helpen door nu een mening achter te laten ?

Hier is een korte link die u naar uw
bestellingen beoordelingspagina.

BestBooksActivity.com/Recensie50

FINAAL UITDAGING!

Uitdaging nr. 1

Klaar voor uw bonusspel? We gebruiken ze de hele tijd, maar ze zijn niet zo gemakkelijk te vinden. Hier zijn **Synoniemen!**

Noteer 5 woorden die je ontdekt hebt in elk van de onderstaande puzzels (nr. 21, nr. 36, nr. 76) en probeer voor elk woord 2 synoniemen te vinden.

*Notitie 5 Woorden uit **Puzzle 21***

Woorden	Synoniem 1	Synoniem 2

*Notitie 5 Woorden uit **Puzzle 36***

Woorden	Synoniem 1	Synoniem 2

*Notitie 5 Woorden uit **Puzzle 76***

Woorden	Synoniem 1	Synoniem 2

Uitdaging nr. 2

Nu je opgewarmd bent, noteer 5 woorden die je ontdekt hebt in elke hieronder genoteerde puzzel (nr. 9, nr. 17, nr. 25) en probeer voor elk woord 2 antoniemen te vinden. Hoeveel regels kan je doen in 20 minuten?

Notitie 5 Woorden uit ***Puzzle 9***

Woorden	Antoniem 1	Antoniem 2

Notitie 5 Woorden uit ***Puzzle 17***

Woorden	Antoniem 1	Antoniem 2

Notitie 5 Woorden uit ***Puzzle 25***

Woorden	Antoniem 1	Antoniem 2

Uitdaging nr. 3

Prachtig, deze finaal uitdaging  is makkelijk voor jou!

Klaar voor de laatste? Kies je 10 favoriete woorden die je in een van de puzzels hebt ontdekt en noteer ze hieronder.

1.	6.
2.	7.
3.	8.
4.	9.
5.	10.

De uitdaging is nu om met deze woorden en binnen een maximum van zes zinnen een tekst te schrijven over een persoon, dier of plaats waar je van houdt!

Tip: U kunt de laatste blanco pagina van dit boek als kladblaadje gebruiken!

Je schrijven:

NOTITIEBOEKJE:

TOT SNEL!

Linguas Classics

www.ingramcontent.com/pod-product-compliance
Lightning Source LLC
Chambersburg PA
CBHW081713120626
46550CB00010B/3113
* 9 7 9 8 8 9 6 7 0 3 9 8 3 *